Wally und Jenny Richardson:

DIE GEISTIGEN HEILKRÄFTE DER EDELSTEINE

DIE GEISTIGEN HEILKRÄFTE DER EDELSTEINE

von

Wally und Jenny Richardson

übermittelt durch

Lenora Huett

Aquamarin Verlag

Copyright der amerikanischen Originalausgabe:
Wallace G. Richardson (veröffentlicht bei DeVorss & Co. Publ.)
Titel der amerikanischen Originalausgabe:
SPIRITUAL VALUE OF GEM STONES
Übersetzung aus dem Amerikanischen:
Susanne Harrington
Das Titelbild zeigt ein Gemälde von Heita Copony
5. Auflage 1994

Voglherd 1 · D- 85567 Grafing
Herstellung: P & P Lichtsatz GmbH, Grafing
ISBN 3-922936-52-0

Inhalt:

Mit liebevoller Widmung
für diejenigen,
die danach streben,
die niederen Ebenen
des menschlichen Bewußtseins
zu überwinden.

Vorwort

Der Inhalt dieses Buches über die geistigen Heilkräfte der Steine und Mineralien wurde “aus Bereichen jenseits des menschlichen Bewußtseins” übermittelt. Es wurden für dieses Buch keine vorgefaßten Ideen hinsichtlich der Geschichte der Steine verwendet und auch kein “Quellenmaterial”, das sich auf Annahmen stützt, sondern allein Material, das auf die geschichtlichen Beziehungen der Tierkreiszeichen, der Monate eines Jahres und die entsprechenden “Geburtssteine” zurückgeht. Der Inhalt dieses Buches wurde der Menschheit von den Mitgliedern der “Großen Weißen Bruderschaft” geschenkt, vor allem von einem Meister, der sich nur als “Meister des Geistes” zu erkennen gab. Diese Informationen wurden aufgrund ihrer großen Liebe für die Menschheit übermittelt, damit alle Seelen besser die Beziehungen der einzelnen Naturreiche untereinander verstehen und erfassen.

Um solches zu vollbringen, bedarf es eines geistigen Vermittlers/einer geistigen Vermittlerin, der/die imstande ist, einen klaren Kontakt zu höheren Bewußtseinsebenen aufzunehmen, während er/sie gleichzeitig auf physischer Ebene voll bewußt ist. Eine solche Vermittlerin stellt Lenora Huett dar, Mitautorin des Buches “The Path of Illumination” und “The Amnesia Factor”.

Um genau zu verstehen, was ein wahrer geistiger Kanal oder Vermittler/Vermittlerin ist, sollte man über ein bestimmtes Wissen der esoterischen Lehren verfügen. Man sollte dergleichen nicht mit übersinnlichen Phänomenen verwechseln und auch nicht mit Informationen, die der astralen Bewußtseinsebene entstammen und die durch den Solarplexus aufgenommen werden.

Um sich zu einem reinen geistigen Kanal zu entwickeln, bedarf es ausdauernder Bemühungen über viele Inkarnationen hinweg und eines Gleichklanges zwischen der Seele und dem höheren Selbst oder der göttlichen Gegenwart im Menschen. Zu Beginn dieses langen Prozesses steht zuerst der Gleichklang zwischen Hirn und Seele; jener Anpassungsprozeß bezieht alle drei Persönlichkeitsaspekte ein – den Ätherkörper, den Astralkörper sowie die Mentalebene – und er vollzieht sich im allgemeinen, während die Seele auf dem Pfad des Anwärters dahinschreitet. In späteren Inkarnationen, in denen sich die Seele bereits auf dem Pfad des Schülers befindet, entsteht die Brücke oder "Antahkarana" zwischen der Seele und dem höheren Selbst. Durch Errichtung dieser Brücke lernt der "Kanal" die Astralebene zu umgehen. Desweiteren ist eine bewußte Läuterung des Unterbewußtseins erforderlich.

Der Prozeß der "Umgehung" beansprucht viel Zeit, und es sollte mit Ausdauer und Gründlichkeit an ihm gearbeitet werden; dabei sollte man sich durch bewußte Unterscheidung zuerst auf die Emotional- bzw. die Astralebene konzentrieren und schließlich auf die Seelenebene. Nachdem solches erreicht ist, entsteht ein direkter Kanal, durch den Eindrücke aus höherer Quelle einströmen. Doch dazu bedarf es vieler Inkarnationen. Die Auslegung oder Interpretation der höheren Eindrücke stellt eine grundlegende esoterische Wissenschaft dar und erfordert große Konzentration und häufige Anwendung, um auf diesem Gebiet zur Vervollkommnung zu gelangen. Jenen, die mit dem Wesen reiner geistiger Übermittlerschaft nicht vertraut sind, sei gesagt, daß diese Methode eine Form darstellt, die im Laufe von Äonen von Jahren angewandt wurde, um den Menschen die notwendigen Informationen zu übermitteln, damit sie sich an ihre wahre Natur als geistige Wesen erinnerten und um ihnen physisch und materiell in ihrem Kampf auf den niederen Ebenen beizustehen.

Die tatsächliche Arbeit der Vorbereitung und die Übermittlung der Information machte zwei getrennte Schritte notwendig. Zuerst mußten Fragen in bezug auf die in Betracht kommenden Steine vorbereitet werden, die vom "Kanal" gestellt werden sollten. Dergleichen erforderte das Studium vieler Gruppen von Steinen und Mineralien, um auf diese Weise einen umfassenden Bereich abzudecken und der Fragestellerin dabei zu helfen, den Inhalt des übermittelten Materials besser zu verstehen. Die Fragen sowie die grundlegende Verantwortung bei der Bereitstellung der Information oblagen Wally Richardson.

Als es an der Zeit war, mit den Übermittlungen zu beginnen, wurden keine mystischen Beschwörungsformeln gesprochen, keine Räucherstäbchen angezündet und auch keine übersinnlichen Methoden angewandt. Wir nahmen lediglich an einem Tisch in einem ruhigen Raum Platz, stellten vor uns ein Tonbandgerät auf, hatten vor uns die Fragen liegen und eine Anzahl von Steinen, die für die entsprechende Befragung in Betracht kamen. Im Gebet baten wir um Liebe und Führung, damit der Menschheit nur die besten und wertvollsten Informationen zuteil wurden. Nach einem kurzen Augenblick der Stille, in dem Lenora ihr Bewußtsein einstimmte, erklangen aus ihrem Mund die Worte des "Meisters des Geistes", welche bedeuteten, daß die Befragung beginnen konnte. Es erfolgten

Anweisungen zur Lebensführung oder ein Wort der Ermutigung, welche beide den Grundgedanken der entsprechenden Übermittlung bildeten, und danach erst begannen wir mit der Fragestellung.

Nachdem wir den Eindruck gewonnen hatten, daß eine ausreichende Vielfalt von Steinen behandelt und das Material in eine verständliche Form gebracht worden war, gab der "Kanal" die Angaben noch einmal durch, um sicherzugehen, daß es nicht an Genauigkeit mangelte oder die uns gegebene Information nicht der Erweiterung bedurfte. Hierbei erkannten wir, daß der Leser das vorliegende Material erst würde verstehen und anwenden können, wenn er über ein Grundwissen der endokrinen Drüsen und Chakras verfügte, die die Drüsen beeinflussen. Obwohl es zu diesem Thema viele Bücher gibt, möchten wir vor allem "Die Chakras" von C.W. Leadbeater, und "Glands - our invisible Guardians" von Dr. M.W. Kapp, (Rosicrucian Press, San Jose, Kalifornien) empfehlen. Außerdem gibt es einige gute Bücher von A.E. Powell, in denen er über den Emotional- und Mentalkörper schreibt, und die erheblich zum Verständnis des vorliegenden Materials beitragen dürften. Es gab viele Steine, die man noch hätte einbeziehen können, viele zusätzliche Informationen, die nicht berücksichtigt wurden und sogar Material, das nicht veröffentlicht wurde, nicht weil es hätte Schaden anrichten können, sondern wegen der mächtigen Kraft der Gier und des Verlangens, die heute noch immer vorherrscht und unkontrolliert viele Seelen durchströmt.

Wir wiesen auf die "Große Weiße Bruderschaft" als Quelle für dieses Buch hin, und es gibt zweifellos viele Menschen, die nie von ihrer Existenz gehört haben oder sich dessen bewußt waren. Die "Weiße Bruderschaft" hat nichts mit der weißen Hautfarbe des Menschen zu tun. Sie bezieht sich vielmehr auf jene, die die "Heiligen Botschafter" darstellen, nicht den "Heiligen Geist", von dem oft in der Bibel gesprochen wird. Es gibt viele solche Botschafter, und sie sind diejenigen, die vor allem an der wahren Entwicklung des Menschen in Richtung seiner Bestimmung interessiert sind. Sie bilden Teil einer gewaltigen Hierarchie, der eine tiefe Liebe für die gesamte göttliche Manifestation innewohnt, und sie umgeben uns beständig, unsichtbare Kräfte, die dazu beitragen, die göttliche Bestimmung dieses Planeten, unseres Sonnensystems und unseres Universums zu erfüllen.

Wenden wir uns jetzt der Erforschung des ersten Naturreiches, dem Mineralreich, zu, um etwas über die Einheit aller Dinge zu erfahren.

Kosmische Verbindungen

Seit frühester Zeit fühlt sich der Mensch zu Steinen hingezogen, seien es wertvolle Edelsteine oder Halbedelsteine, die als Talisman, Amulette oder Schmuck verwendet wurden. Sie werden auch in den alten heiligen Schriften und in modernen Büchern erwähnt sowie in der christlichen Religion der westlichen Welt; sie finden besondere Hervorhebung im Alten und Neuen Testament der Bibel. Doch bis jetzt existiert kaum irgendein Wissen bezüglich ihrer Anwendung oder ihres wahren Wertes, der mit dem materiellen Wert nichts zu tun hat. Uns steht einzig und allein eine Zusammenstellung der "Geburtssteine" zur Verfügung und schon in diesem Zusammenhang treten bedeutende Unterschiede auf, mag es sich jetzt um den richtigen Stein für einen bestimmten Monat oder den Grund seiner Anwendung handeln, das heißt, daß diese Zusammenstellung nur ganz allgemein von Wert sein kann.
In den vorliegenden Kapiteln möchten wir den wahren Wert der einzelnen Steine aufzeigen, ihren Nutzen und ihre Anwendungsmöglichkeiten in heutiger Zeit und in einigen Fällen zukünftige Anwendungsweisen in den kommenden Jahren.

Sie dürfen ohne weiteres fragen, wie auch wir es taten: "Wie kann ein Stein, ein unbelebter Gegenstand, von geistiger Heilkraft sein oder Einfluß auf den sterblichen Menschen ausüben?" Dergleichen stellt eine berechtigte Frage dar, und in diesem Zusammenhang bedarf es allein der Erkenntnis und des Verständnisses eines Wortes: Manifestation. In allem Existierenden manifestiert sich Gott, sei es fest, flüssig, gasförmig, heiß, kalt, dicht oder ätherisch. Alles weist atomare

Struktur auf, alles setzt sich aus Atomen zusammen und ALLEN LEBENSFORMEN WOHNT BEWUSSTSEIN INNE, mag es noch so gering und einfach sein.

In unserem gegenwärtigen Denken besteht das Muster der Getrenntheit, von individueller Isolation. Wir meinen, eine Insel zu sein und doch ist ALLES, jede Form, jeder Organismus in ALLEN Formen. Alle Aspekte des manifesten Lebens in JEDEM Naturreich sind eng miteinander verknüpft, was sich bis in unser Sonnensystem, unsere Galaxis, unser Universum erstreckt. Wir sind EINS!

Befassen wir uns näher mit diesem Prinzip, und gehen wir bis zu jener Zeit zurück, als das Wort erging "Es werde LICHT!" Dieses eine Wort LICHT stellt die Aufklärung des Geheimnisses, aller Mysterien im Universum Gottes dar, wenn es uns gelingt, dessen wahre Bedeutung zu erfassen. Wir wollen dergleichen auf einfachste Weise betrachten: ALLES EXISTIERENDE ist Licht, das von Gott ausströmt; und wir erkennen, daß es zwei grundlegende Eigenschaften besitzt, die im allgemeinen als "positiv und negativ" beschrieben werden. Das Licht, das wir kennen und erkennen, entstammt der Sonne und wird seitens der Wissenschaft von dem EINEN Licht unterschieden. Doch es sollte kein Irrtum entstehen, denn wenn alles Licht, alle Wärme, Energie, jeder Ton, jede Farbe, Schwingung sowie andere Manifestationen auf den kleinsten gemeinsamen Nenner gebracht werden, handelt es sich um das Licht des EINEN.

Da wir mit den niederen Lichtschwingungen arbeiten, wollen wir uns kurz näher damit befassen. Das Licht, das wir kennen, besitzt eine bestimmte Schwingungsrate oder Wellenlänge, und die Bereiche des sichtbaren Lichtes bezeichnen wir als Spektrum, das sich auf die Schwingungsrate von 4.200 - 6.800 Wellenlängen in Anström-Einheiten beläuft. Farbige Wellenlängen, die weitreichender als unser Sehvermögen sind, bezeichnet man als Infrarot- und Radiowellen und jene, die kürzer sind, als Ultraviolett- oder Röntgenstrahlen oder als kosmische Strahlen. Sobald wir erkennen, daß sich das für uns wahrnehmbare Licht nur auf einen sehr begrenzten Bereich des Spektrums bezieht, wird uns bewußt, daß unsere fünf Sinne in ihrem Aufnahmevermögen überaus begrenzt sind, sowohl was den Klang als auch was die Farbe betrifft. Das heißt jedoch nicht, daß wir nicht auf tiefere oder höhere Licht- und Energieschwingungen reagieren. Wir reagieren durch den Ätherkörper unserer Seele.

Kommen wir wieder zu dem EINEN Licht zurück, das in Myriaden von Formen durch den Kosmos strömt. Sobald es sich als Materie manifestiert, erkennen wir in ihr die Atome, die Bausteine aller Dinge. Bis vor kurzem noch betrachtete die Wissenschaft das Proton, Neutron und die Elektronen als die kleinsten teilbaren Einheiten. Heute jedoch weiß man, daß es kleinere Energieeinheiten gibt. Was unsere Betrachtung anbelangt, so richten wir unser Augenmerk auf das Atom, dessen zahllose Verschiedenheiten die Strukturen der "Atomteilchen" bilden, die ein Kraftfeld enthalten sowie eine Schwingungsrate und bis zu einem gewissen Grad ein Bewußtsein. Es ist nicht erforderlich, dergleichen näher zu untersuchen, es reicht, wenn wir wissen, daß die Atome das EINE Licht reflektieren, und sich unser Universum aus der gewaltigen Vielfalt der Atomstrukturen zusammensetzt.
Da das Atom "positiv und negativ" geladen ist und Licht oder Energie darstellt, die der Einen Quelle entströmt, besitzt es

auch Bewußtheit, eine Bewußtheit des "Seins", und wir können dergleichen mit dem Ausdruck "ICH BIN" definieren. Natürlich sprechen wir hier nicht von der Bewußtheit, dem Bewußtsein, das wir kennen, sondern eher vom natürlichen Wissen um die Entstehung, das um seine Reproduzierbarkeit weiß. Da es Licht oder Energie IST, besitzt es auch eine Schwingungsrate; deswegen darf gesagt werden, daß alle Atome gleicher Struktur (d.h. mit der gleichen Anzahl von Protonen, Elektronen und Neutronen in übereinstimmender Anordnung) etwas ähnliches wie ein Bewußtsein besitzen.

Es entspricht einem Gesetz, daß die Atomteilchen so angeordnet sind, um ihren göttlichen Plan zu erfüllen, und wenn dies geschieht, entstehen bestimmte Moleküle, Kombinationen von Atomen, die sich zu einem bestimmten Zweck zusammenfinden. So bilden zwei Atome Wasserstoff zusammen mit einem Atom Sauerstoff Wasser, um es anschaulich darzustellen. In jedem Teilchen Materie, in jedem Muster der Natur offenbart sich die unendliche Schönheit der Polarität der positiven und negativen Aspekte Gottes. Dies wird besonders in kostbaren Metallen und Edelsteinen sichtbar, und jene Schönheit offenbart sich auch in unendlicher Vielfalt in der Pflanzen- und Tierwelt und vermittelt damit der Menschheit das Gottesbewußtsein in allen Aspekten.

Der biblische Ausdruck "wie oben, so unten", bezieht sich darauf, daß wir ein Mikrokosmos in einem größeren Makrokosmos sind, und wenn wir durch ein Mikroskop blicken, vermögen wir in größeren Einzelheiten das Muster zu erkennen, das sich im Universum wiederholt.
Vieles, das uns umgibt, kann selbst mit dem größten Mikroskop oder Teleskop nicht wahrgenommen werden. So bedau-

ernswert unzureichend unsere fünf Sinne auch sein mögen, so beginnt der Mensch doch allmählich den sechsten Sinn der Intuition als Teil seines erweiterten Bewußtseins zu entwickeln. Wir bemerken dergleichen auch, wenn wir uns mit den verschiedenen Anwendungsmöglichkeiten der Steine befassen und mögen dabei entdecken, daß wir intuitiv den richtigen Stein/die richtigen Steine tragen, die uns zu bestimmten Zeiten von größtem Nutzen sind. Solches Empfinden drückt sich auch in folgenden Worten aus: "Dieser Stein fühlt sich sehr angenehm an", oder "Ich kann diesen Schmuck einfach nicht tragen", wobei wir intuitiv die besondere Kristallform und ihre Wirkung auf unsere eigenen Energiemuster oder unsere Aura erfassen.

Um die Beziehung zwischen den Steinen und dem menschlichen Körper besser zu verstehen, empfiehlt sich das Studium der esoterischen Lehren in bezug auf die Seele und ihrer manifesten Körper auf Erden. In der Esoterik begegnet uns alles, das die normale Lebensform oder das Durchschnittsbewußtsein des Menschen überschreitet. Obgleich viele Menschen die esoterischen Lehren mit dem "Okkulten" in Verbindung bringen und ihnen damit geheimnisvolle Eigenschaften verleihen, sollte dieser Begriff jedoch ersetzt werden. Vieles aus dem Inhalt der Bibel und anderer religiöser Bücher ist esoterischer Natur und vermag nur in voller Tiefe verstanden zu werden, wenn unser Bewußtsein ausreichende Erhebung erfahren hat. Wir sollten uns alle dessen bewußt sein, wie schnell wir in das "Neue Zeitalter des Lichtes" eintreten, in dem sich das Verständnis über die Seele und die untergeordneten vier Körper im kollektiven Bewußtsein manifestiert, und je eher wir dieses Verständnis erlangen, um so größer werden unsere Entwicklungsmöglichkeiten sein.

Befassen wir uns kurz mit diesen Körpern. Die Bewußtseinshüllen, die die Seele umgeben, werden auch als die vier niederen Körper bezeichnet, und sie stellen den Ausdruck der Seele und ihre Ausdehnung in der Materie dar. Wir bezeichnen diese Körper als den Mentalkörper, den Emotional- oder Astralkörper, den Ätherkörper oder Lichtkörper und den dichten physischen Körper. Die Seele gewinnt an Erfahrung, indem sie die Gesetze, denen Raum und Zeit unterliegen, zu meistern und in diesem Zusammenhang Selbstbeherrschung lernt.

Wir leben und bewegen uns in einer dreidimensionalen Welt aus Raum und Zeit, doch es ist eine alte okkulte Wahrheit, daß "Raum und Zeit" in unserer "dreidimensionalen Welt" eine Illusion darstellen, daß ZEIT lediglich eine Aufeinanderfolge von Momenten und RAUM ein System miteinanderverbundener Punkte ist, in denen die Seele Wachstum und Fortschritt beobachtet und dieses Wachstum auf bestimmte Bereiche anzuwenden vermag, die sie versteht. Diese "Aufeinanderfolge von Augenblicken" stellt nichts anderes dar als die Aufnahme der vorübergehenden Ereignisse durch das Hirn. Folglich bedeutet Zeit nur ein Konzept, das Ereignisse und Gelegenheiten einbezieht, die Vergangenheit, die Gegenwart und die Zukunft, das Gute und weniger Gute in unserem Gehirn. Innerhalb des Bewußtseins des höheren Selbst ist alles "Jetzt", war alles und WIRD ALLES SEIN!

Wie bereits gesagt, setzt sich alles aus Atomen zusammen. Da das kleinste Atom Bewußtheit/Bewußtsein ausdrückt, besitzt auch jede Zelle und jedes Organ des physischen Körpers elektrische Bewußtheit hinsichtlich seines Sinnes, und jede Zelle, jedes Organ, erfüllt diesen Sinn ohne mentale Tätigkeit. Es ist eine spirituelle Wahrheit, daß der Mensch aus seiner eigenen Vollkommenheit noch lernen könnte, indem er die Tätigkeit des Zellkörpers beobachtet, da sich in ihm alles Notwendige und Erforderliche in Übereinstimmung mit anderen Körperteilen oder Körperzellen vollzieht und dies ohne jede Emotion, ohne jeden Neid.

Grundsätzlich arbeitet der physische Körper durch das endokrine Drüsensystem und das parasympathische und sympathische Nervensystem. Die Hormone werden durch die Drüsen in den Blutstrom abgegeben, und von da gelangen sie dorthin, wo sie benötigt werden, während durch das Nervensystem jene Energie fließt, die den Körper mit Leben erfüllt.

Diese Bewußtseinssysteme arbeiten automatisch, indem sie auf innere Impulse und äußere Einflüsse reagieren; sie besitzen keinen eigenen Lebensantrieb, sondern stellen einfach das Körperbewußtsein auf der physischen Ebene dar. Der Ätherkörper durchdringt jedes Atom, jede Zelle, alle Nerven und Ganglien des physischen Körpers. Er wird auch als Aura verstanden, die den Menschen umgibt und vermag von hellsichtigen Menschen wahrgenommen zu werden. Der Ätherkörper stellt den Energiekörper dar, dessen sich die Seele bedient, um den dichten, physischen Körper zu lenken und zu beeinflussen. Seine Aufgabe besteht darin, Energieimpulse oder Kraftströme zu empfangen, die von allen sieben Bewußtseinsebenen ausstrahlen, die in Bezug zur Seele stehen und diese Energien durch die sieben Hauptzentren auf den physischen Körper zu übertragen, wobei die sieben Hauptzentren über den endokrinen Drüsen liegen. Von der Qualität und Quantität des Energieflusses hängt eine gute oder unzureichende Körperfunktion ab.

Der Emotionalkörper stellt jenen Vertreter der Seele dar, der auf die Schwingungen der Astralebene reagiert und sie über den Ätherkörper auf den physischen Körper überträgt. Hier handelt es sich um die tiefwirkendste Kraft, die in den Körper einströmt, und sie umfaßt ungefähr neunzig Prozent der Energiemuster, mit denen die Seele auf ihrem Evolutionspfad zu tun hat. Am besten vermag man diesen Körper durch Meditation zu stärken.

Der Mentalkörper oder niedere Geist umfaßt das gesamte Wissen, das allen zur Verfügung steht, deren Bewußtsein die Illusion der Materie nicht überschreitet. Uns ist es jedoch möglich, eine höhere Geistesebene zu berühren, die jenen Wissensbereich repräsentiert, der als geistige Realität charakterisiert werden kann. Jedoch konzentriert sich die Seele während ihres Wachstums auf Erden gewöhnlich auf den niederen, konkreten Geist, der in der dreidimensionalen Welt der Materie oder Form wirksam ist.

Wir bezeichnen diese vier Körper als Bewußtsein, das tatsächlich jedoch unsere geistige Bewußtheit des Seins darstellt und dieses Bewußtsein des "Selbst" sollte als Gott in uns erkannt werden. Der ganze Grund unseres Seins liegt darin, allmählich Jahrmillionen körperlichen Fühlens bis zum endgültigen Ziel des geistigen Wissens zu durchschreiten. Wir haben in unserer Entwicklung einen Wandlungspunkt erreicht, an dem wir über dieses Wissen verfügen sollten, und wir vermögen jenes Wissen nur durch größere Bewußtheit um das Licht des universalen Selbst zu erreichen, das in uns die Einheit mit jenem Licht, das das Licht Gottes ist, herstellt.
Statt dessen können wir auch von "Gott" sprechen; der Schöpfer IST, das Eine Sein, der Eine Geist, das Eine Leben,

die Eine Kraft, die Eine Realität. Wenden wir uns jetzt der konkreten, materiellen und substantiellen Welt des Mineralreiches zu und entdecken, wie die einzelnen Steine zu verwenden sind, um uns auf dieses Naturreich einzustimmen, wie wir auch unsere vier niederen Körper auf das höhere Selbst einstimmen.

Einführung in das Mineralreich

Alles Leben oder jede Substanz steht in Beziehung zu dem Einen Leben, dem Leben, das wir in der westlichen Welt als Gott benennen. Alle sichtbaren und unsichtbaren Dinge sind Ausdruck jenes Lebens. Haben wir uns auf dieses Bewußtsein eingestimmt, vermögen wir es mit unserem eigenen "inneren Sein" zu erfassen, wenn wir einen atemberaubenden Sonnenuntergang beobachten oder die majestätische Herrlichkeit einer Bergkette in uns aufnehmen, den leise fallenden Schnee betrachten oder Zeuge der Geburt neuen Lebens werden.

Alle Naturreiche besitzen ihren eigenen und besonderen Ausdruck des Einen Lebens. Im Mineralreich drückt sich das sehr deutlich durch die große Vielfalt und die zahllosen Farben der Kristalle und Edelsteine aus. Wie in allen Dingen, so finden wir auch hier die exoterische und esoterische Seite (materiell-geistig). Die physische und materielle Dimension drückt sich durch die Vielfalt der Größe und Formen der Kristallformationen aus. Der spirituelle Aspekt kommt durch die innere geometrische Struktur zum Ausdruck, die die Kristallform bildet.

Das Studium der Kristalle fällt in den Bereich der Kristallographie, und nimmt man es ernst, stellt es ein tiefgehendes und gründliches Studium der geometrischen und atomaren Strukturen dar. Der ernsthaft Suchende wird zu diesem Thema viele ausführliche Bücher finden. Unsere Absicht besteht darin, Ihnen einen kleinen Einblick zu verschaffen, damit für Sie die Geordnetheit dieses Naturreiches fühlbar wird. Im Rahmen der Lehre von den Kristallen haben wir festge-

stellt, daß es sieben grundlegende Kristallgruppen gibt, in die sich die Kristalle einordnen lassen. Die Einordnung erfolgt nach folgendem System:
(1) Kubisch – Ein Kristall, bei dem die drei Achsen gleich lang sind und senkrecht aufeinanderstehen. Als vorrangiges Beispiel dafür läßt sich das gewöhnliche Speisesalz nennen, die Bleiglanzkristalle, Pyrit oder Granat.

(2) Hexagonal – Ein Kristall, der drei gleiche Achsen hat, die im Winkel von 120° auf der gleichen Fläche liegen und eine Achse mit anderer Länge, die lotrecht auf dieser Fläche ruht. Beryll- und Apatitkristalle stellen in diesem Zusammenhang gute Beispiele dar.

(3) Tetragonal – Ein Kristall, der zwei Achsen gleicher Länge und eine dritte Achse anderer Länge hat. Die drei Achsen stehen senkrecht aufeinander. Der Zirkon stellt hier ein gutes Beispiel dar.

(4) Orthorhombisch – Ein Kristall mit drei ungleich langen Achsen, die im rechten Winkel zueinander stehen. Olivin und Staurolit dürfen hier als Beispiel angeführt werden.

(5) Monoklinisch – Ein Kristall mit drei ungleichen Achsen, von denen zwei schräg aufeinanderstehen. Die dritte Achse bildet einen Winkel zur Fläche der anderen beiden. Als Beispiele sind Gips, Epidot und Glimmer zu nennen.

(6) Triklinisch – Dieser Kristall weist drei ungleiche Achsen auf, von denen keine im rechten Winkel zur anderen steht. Rhodonit und Feldspat sind in diesem Zusammenhang zu erwähnen.

(7) Trigonal – Dieses System setzt sich nach dem gleichen Muster wie das hexagonale zusammen. Jedoch weist die Hauptachse nur eine dreifache Symmetrie auf. Aus diesem Grunde wird diese Anordnung oft dem hexagonalen System untergeordnet. Man spricht hier auch vom rhombohedralen System. Als Beispiele seien der Turmalin und der Korund genannt.

Zusammengefaßt darf gesagt werden, daß die Kristallform ein sichtbares Zeichen der molekularen Anordnung ist, die den Unterbereich des Mineralreiches kennzeichnet, aus dem ihre Atome stammen. In den nachfolgenden Kapiteln werden wir uns ganz allgemein mit den Unterbereichen befassen, indem wir Ihnen einen kurzen Einblick in die Bewußtseinszustände der einzelnen Atome vermitteln. Auf diese Weise erhalten Sie eine Einsicht in die Energiemuster der verschiedenen Kristallformen, die Ihnen dazu verhilft, einen bestimmten Stein zu seiner Kristallform in Bezug zu setzen.
Die Atome, die einen Kristall bilden, besitzen eine sehr geordnete geometrische Struktur, die die kristalline Form bewirkt, wobei die vielen Flächen des Kristalls die innere Atomstruktur widerspiegeln. Manchmal sind Kristalle winzig, mitunter jedoch sehr groß, was davon abhängt, wie oft sich das innere Muster wiederholt. Dergleichen hängt im allgemeinen auch vom verfügbaren Material ab und von dem zur Verfügung stehenden Raum für das Wachstum. An dieser Stelle sei gesagt, daß bei bestimmten Mineralien nicht immer wohlgeformte Kristalle vorgefunden werden. Sieht man jedoch vom ästhetischen Standpunkt ab, so ist dergleichen von geringer Bedeutung.
Wir wollen uns jetzt dem geistigen Aspekt der Kristallstrukturen zuwenden. Falls Sie akzeptieren können, daß jedes Atom

Bewußtsein besitzt, eine Bewußtheit seines Sinnes, seines Seins, erkennen Sie, daß bei Zusammentreffen und der Verbindung von Atomen mit ähnlichem Bewußtsein (wie bei einer Kristallform) ein Energiekörper entsteht, der das endgültige Schwingungsmuster ausdrückt und in Übereinstimmung zu anderen Unterbereichen anderer Naturreiche steht, wie dies auch für die Entsprechung zwischen den Tonleitern von A bis G zutrifft. Wir nennen dergleichen das "Gesetz der Anziehung", das Atome ähnlicher Schwingung oder Struktur zusammenfügt, damit eine einheitliche Schwingung entsteht, die eine bestimmte Form oder Ansammlung von Atomen bewirkt.

Wir finden den Ätherkörper, der den physischen Körper umhüllt und durchdringt, ebenfalls im Mineralreich, und durch ihn nimmt der Stein Energie auf oder verströmt Energie. Ein wesentliches Beispiel für dieses Strahlungsprinzip finden wir im Uran, während das Gegenteil dazu Erz mit seiner Fähigkeit der Absorption bildet.

Haben Sie sich je gefragt, warum es eine solche Vielfalt von Edelsteinen und Mineralien auf dieser Erde gibt? Liegt es am endlosen Prozeß der Formentstehung, der sich beständig fortsetzt (wie es für alle Naturreiche zutrifft) und dessen grundlegender Sinn in der Entwicklung von Qualität und Bewußtseinsentwicklung liegt? Befassen wir uns mit den Atomen der Mineralsubstanz, bemerken wir dann den Ausdruck von "Bewußtsein" im entsprechenden Naturreich? Falls ja, gelingt es uns dann, das Konzept zu erfassen, daß unser Sonnensystem nichts anderes ist als die Gesamtheit aller Formen und der Körper eines Wesens, das sich dadurch ausdrückt, es benutzt, um dadurch einen festumrissenen Sinn oder eine zentrale Idee herauszuarbeiten. Wenn wir uns an die esoterische Wahrheit erinnern, daß "wir nichts anderes sind als der Mikrokosmos in einem größeren Makrokosmos" und erkennen, wie das winzige Atom in sich selbst ein Sonnensystem darstellt, das sich von den anderen Atomen je nach der Anzahl und Anordnung der Elektronen um die Zentralladung unterscheidet, dann wird uns bewußt, in welcher Weise sich dieses Thema in zahllosen Formen und Gestalten wiederholt, und wir wissen, wir sind ALLE TEIL EINES GANZEN.

Werfen wir einen Blick in das Mineralreich, um einen größeren Einblick in die unterschiedlichen Strukturen der Natur zu erhalten. Denken wir daran, daß diese Information durch eine ausgezeichnete Übermittlerin von der geistigen Seite des Lebens bezogen wurden; es wurde hierbei auf keinerlei schon bestehende Daten über Edelsteine zurückgegriffen.

Nachfolgende Informationen wurden durch ausgedehnte Frage- und Antwort-Sitzungen erhalten; es wurde nur dort redigiert, wo es aufgrund der Kürze oder einer Satzstruktur notwendig war, und schließlich wurden alle Fragen aus dem Text entfernt, um die Klarheit beizubehalten. Dadurch mag dem Leser unklar sein, wie das Material zustande kam, doch so bleibt die erhaltene Information in ihrer Ganzheit bestehen. Sollten Sie feststellen, daß ein Teil der Informationen bei Ihnen Fragen entstehen läßt, dann suchen Sie bitte in der Tiefe Ihres Bewußtseins nach der Antwort. Dergleichen ist möglich, und auch Sie mögen in der Lage sein, Zugang zu diesen Wissensebenen zu finden.

---

(1) Nachfolgende Zeichnungen vermitteln Ihnen eine bessere Vorstellung der verschiedenen Grundkristallformen.)

1. Das kubische System mit drei gleichen Achsen (a1, a2, a3), die senkrecht aufeinanderstehen.

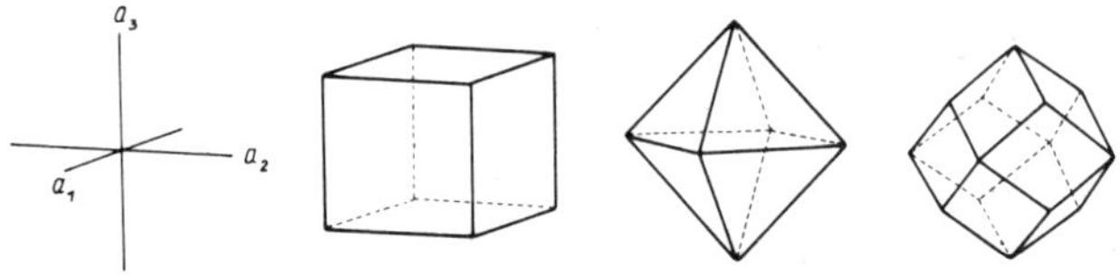

2. Das hexagonale System mit vier Achsen, von denen drei in einem Winkel von 120° auf der gleichen Fläche liegen. Die Hauptachse (c-Achse) steht zu den drei anderen in der Senkrechten. Es handelt sich um eine Achse, die eine sechsfache Symmetrie bewirkt.

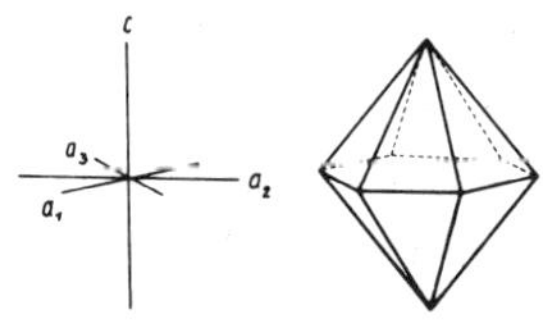

3. Das tetragonale System, das zwei gleiche Achsen im 90° Winkel zueinander (a1 und a2) aufweist. Senkrecht zu diesen beiden Achsen steht die Hauptachse mit einer vierfachen Symmetrie.

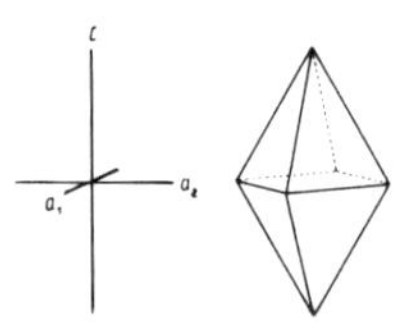

4. *Das orthorhombische System* mit drei ungleich langen Achsen a, b und c, die zueinander im 90° Winkel stehen.

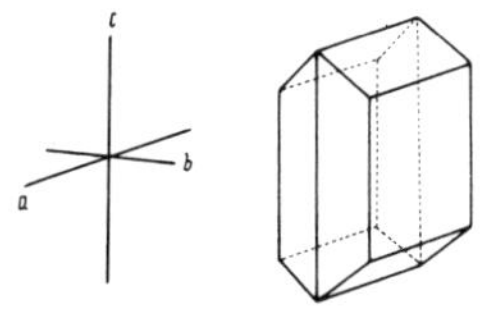

5. *Das monoklinische System,* das drei ungleiche Achsen a, b und c aufweist, die in einem stumpfen Winkel zueinander stehen, wobei sich c senkrecht auf der Fläche der beiden andern befindet.

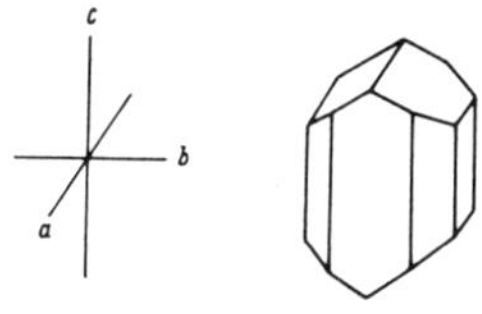

6. *Das triklinische System,* das drei Achsen ungleicher Länge besitzt (a, b und c), die alle in stumpfem Winkel zueinander stehen.

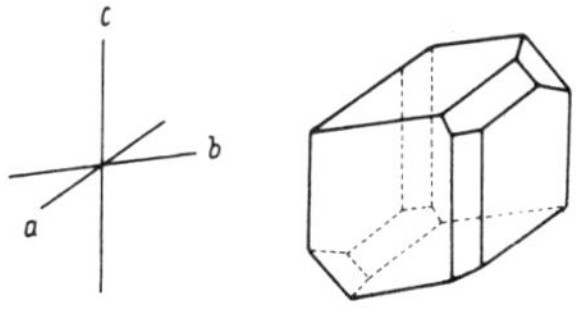

7. Das trigonale System, das sich nach dem gleichen Muster wie das hexagonale System aufbaut. Die Hauptachse bewirkt jedoch nur eine dreifache Symmetrie.

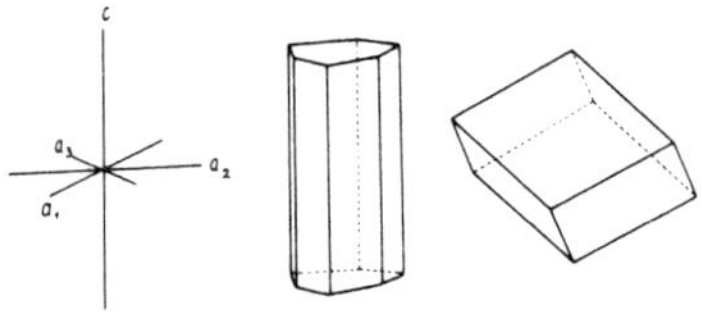

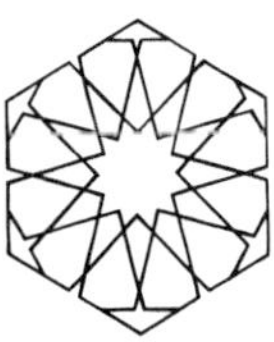

Die sieben Kristallstrukturen

Bis auf wenige Ausnahmen erfolgt die Kristallisierung aller Mineralien nach einem der sieben vorgenannten Muster (eine bemerkenswerte Ausnahme bildet hier der Opal, der nicht kristallinisch, ohne Form ist). Deswegen setzt sich jede Struktur nach dem Gesetz der Anziehung aus jenen Atomen zusammen, die in Harmonie und Einklang miteinander schwingen und auf diese Weise eine Form, einen Kristall, eine Verbindung von Atomen bewirken.

Ist es möglich, daß jede Kristallstruktur ihre Atome aus einem bestimmten Unterbereich des Mineralreiches bezieht?

Ja. Sie bezieht ihre Atome aus einer Musterform, jedoch nicht ihre Energie, es ist allein das Muster, das zu ihrer Entstehung beiträgt, da der Unterbereich soviel wie eine Gedankenform oder ein Gedankenmuster darstellt und Führung, aber keine Substanz verleiht. Er bewirkt die Form nach dem Muster.

Dürfen wir daraus schließen, daß z.B. alle Steine, die dem kubischen System angehören, über ähnliche Aspekte in ihrem Wesen verfügen?

Ja, mit geringfügigen Abweichungen. So wie wir aus einer Algebra-Aufgabe unsere Schlüsse ziehen, so können wir auch aus diesen Mustern schlußfolgern, und wir wissen aufgrund dessen, worin ihre Besonderheit liegt, da sie sich ähneln. Doch es gibt Unterschiede, da es ansonsten keiner weiteren Formen bedürfte.

Die Kubische Struktur

Die Steine mit kubischem System besitzen ein fundamentales Wesen, sie beziehen sich auf Erdverbundenes, große Probleme, auf komplizierte Ideen oder schwierige Dinge. Diese Struktur entspricht dem Sakral-Zentrum beim Menschen, und ihr Farbstrahl ist kobaltblau.

Die hexagonale Struktur

Diese Steine weisen eine komplexere Form aus, und trotzdem sind sie in ihrer Zusammensetzung noch ziemlich einfach. Sie sind imstande, jene Vitalität zu entwickeln, derer es bedarf, um anderen Lebensformen zu helfen. Sie weisen eine gebende anstatt einer nehmenden Natur auf. Sie verursachen weder Störungen noch sondern sie zerstörerische Kräfte ab. Diese Struktur besitzt eine edlere Bestimmung, die bestimmte Bereiche des Seins besser "durchdringt" als dic Struktur der kubischen Kristalle. Sie verfügt über ein suchendes oder forschendes Wesen. Sie erforscht zuerst, bevor sie bestimmte Bereiche durchdringt. Sie besitzt das Vermögen, die Entwicklung anderer Merkmale anzuregen und trägt zur Entwicklung von Besonderheiten bei. Diese Struktur steht mit dem Solarplexus des menschlichen Körpers in Verbindung und entspricht dem grünen Strahl.

Die tetragonale Struktur

Der grundlegende Aspekt der tetragonalen Struktur liegt "zur Hälfte im Geben, zur Hälfte im Nehmen". Sie wirkt ausglei-

chend. Sie verfügt über positive und negative Qualitäten, da sie viele der negativen Qualitäten der Erde aufnimmt und trotzdem imstande ist, positive Schwingungen abzugeben. Das Negative erfährt in diesem Kristall Umwandlung und wird folglich nicht als negative Kraft an die Erde zurückgegeben. Steine dieser Gruppe dürfen ohne weiteres als "Umwandlungssteine" bezeichnet werden.
Die tetragonale Struktur steht in Bezug zum rosa Strahl und entspricht dem Herz-Zentrum beim Menschen. Darin liegt auch der Grund für ihr ausgleichendes Wesen. Obgleich viele Dinge auf der Mentalebene wie eine Strafe oder Lehre erscheinen mögen, kann dies ohne weiteres Ausgleich bedeuten. Das heißt, daß alle Dinge, durch die wir lernen, nicht unbedingt negativ sein müssen, selbst wenn sie uns oft hart erscheinen.

Die orthorhombische Struktur

Diese Kristalle verfügen über einen umhüllenden und einschließenden Aspekt. Sie vermögen "Energiemuster" oder Probleme zu umschließen; sie umfangen eher anstatt Energie abzugeben und zu verteilen. Orthorhombische Kristalle sind imstande, Probleme abzukapseln und sie zu bewahren, bis es möglich wird, sie aufzuarbeiten. Dergleichen stellt einen bedeutenden Faktor in bezug auf viele Probleme dar, da diese erst geklärt und umgewandelt werden sollten, wenn sie vollkommen verstanden und beherrscht werden. Sobald ein bestimmtes Problem gründlich erkannt wurde, vermag es auch ohne weiteres aufgelöst zu werden.
Außer der Fähigkeit, Probleme einzuschließen, besitzt diese Struktur noch eine Schutzfunktion, denn obgleich Dinge Ab-

kapselung erfahren, werden sie durch diese Funktion vor der Außenwelt und zerstörerischen Kräften geschützt, bis es möglich ist, sie aufzulösen. Diese Struktur entspricht dem orangefarbenen Strahl und bezieht sich auf den Willen des Menschen, der ihm die Fähigkeit verleiht, etwas anzunehmen oder abzulehnen. Es mag für den Menschen von Bedeutung sein zu wissen, daß selbst "Ablehnung" mit einem bestimmten Problem zu tun hat. Der "Wille" ist außerordentlich wichtig, und wir sollten wissen, *daß er nicht nur beim Menschen existiert, sondern auch bei anderen Formen irdischer Materie.*

Die monoklinische Struktur

Diese Kristalle besitzen eine pulsierende Eigenschaft. Sie pulsieren mit dem Universum und verfügen über ein sich ausdehnendes und zusammenziehendes Wesen. Sie lassen diese Fähigkeit der Ausweitung und des Zusammenziehens auch erkennen. Bei dieser Kristallstruktur findet ein Wachstumsprozeß statt: diese Kristalle dehnen sich aus, erreichen einen Punkt, an dem dergleichen aufhört und dehnen sich erneut aus. Sie bleiben nicht in sich geschlossen. Hier handelt es sich um eine Schwingung, die für die gesamte Menschheit und das irdische Leben Bedeutung hat. Es sei gesagt, daß diese Struktur beständiges Pulsieren ist, da auch Liebe oder Gott ein beständiges Pulsieren ist, ein Ausdehnen und Zusammenziehen, Bewegung und SEIN! Hier handelt es sich um eine Gruppe von Kristallen, die für alle Zyklen des Universums von höchster Bedeutung ist, denn ohne diese Eigenschaft könnte nichts erreicht oder vollendet werden.
Die monoklinische Struktur entspricht dem blauvioletten Strahl und bezieht sich auf das Stirn-Chakra beim Menschen.

Die triklinische Struktur

Diesen Kristallen wohnt der Aspekt der Vollendung inne. Sie werden als das Absolute in sich selbst betrachtet; sie sind nicht von anderen Lebensformen oder Lebensquellen abhängig. Sie sind “Ganzheit”. Die triklinischen Kristalle sind vollkommen, da sich die triadische Formation gegen sich selbst spiegelt. Was einströmt, bewegt sich auf die Mitte zu, und so geht nichts verloren und nichts erfährt Veränderung.

Diese Kristallstruktur entspricht dem höchsten Zentrum des Menschen, dem Scheitel-Chakra und bezieht sich auf den gelben Strahl. Hier finden wir die höchste Form des Verstehens, des Gebens, Empfangens, des Tuns, des Seins, und aufgrund dessen vermag alles erreicht und vollendet zu werden. Diese Struktur entspricht dem Absoluten.

Die trigonale Struktur

Diese Kristallstruktur gibt Energie ab und nimmt keine Energie auf, sie ist Bewegung. Sie ist weder positiv noch negativ, sondern verfügt über ein ausgeglichenes Wesen. Sie befindet sich in fortgesetzter Bewegung, es gibt keine Notwendigkeit zur Wiederenergetisierung, da sie “ist”. Es besteht kein Erfordernis, sie zu sprengen oder sie mit anderen Dingen wirken zu lassen.

Die trigonale Struktur ist der hexagonalen Struktur ähnlich. Erstere hat einen anderen Sinn, da sie eine strengere Bestimmung aufweist, einen “zweckgerichteteren” Aspekt, größere Klarheit. Die hexagonale Struktur entspricht eher dem Ge-

ben und Nehmen, ihr wohnt etwas Weicheres, Sanfteres, weniger Forderndes inne.
Die trigonale Struktur steht in Bezug zum roten Strahl und entspricht dem sehr wichtigen Basis-Chakra (Kundalini) beim Menschen. Diese Struktur ist allumfassend, ruht vollkommen in sich.

Bevor wir die Ausführungen über diese Aspekte der Edelsteine beschließen, soll noch ein weiterer Punkt angeschnitten werden. Es hieß, daß das "Kristallmuster" den unterschiedlichen Unterbereichen des Mineralreiches entstammt, doch die Energie der "Gotteskraft" entströmt. Wie ist es dann möglich, daß eine bestimmte Kristallstruktur, wie das Hexagon z.B., negative Energie auszusenden oder sie umzuwandeln vermag, wenn die Energie anderen Quellen als dem Unterbereich des Kristalls entstammt?

Die Winkel und Algebraformeln dieser Struktur stellen das Wichtige bei der Lektion dar, die sie lehren oder bei der Aufgabe, die vollzogen wird; denn obgleich alle Dinge "Liebe" sind, sind sie auch mathematisch wohlbegründet und stichhaltig.

Da der Mensch imstande ist, sich näher mit jenen Strukturen zu befassen und sie auf sich zu beziehen, wird er auch besser das Wirken seines eigenen Geistes und Körpers erkennen sowie seinen Platz im Universum. Es ist wichtig, sich auf die einfachste aller Formen zu besinnen, und indem wir solches tun, erkennen wir deutlicher, worin das Wirken jeder Form besteht. Dadurch wird der Mensch in die Lage versetzt, die schwierigen Seiten seines Seins wahrzunehmen und diese Seiten zu ihrem Sinn in Bezug zu setzen.

Das Brustschild

Die Anwendung von Steinen (innerhalb der niedergeschriebenen Geschichte) wurde schon sehr früh von jenen ausgeübt, die man “Hohepriester” nannte. Das Brustschild des Hohenpriesters war für den Theologie studierenden Durchschnittsmenschen lange ein Geheimnis, was nicht erstaunlich ist, wenn man an die vielen unterschiedlichen Steine auf dem Brustschild denkt und an den Mangel an Information, warum sie getragen oder zu welchem Zweck sie angewendet wurden.

Befassen wir uns näher mit der Bibel, stellen wir fest, daß wir dreimal auf Ausführungen über Edelsteine stoßen. Die erste Stelle berichtet über die Edelsteine im Gewand von Aaron (Exodus XXVIII, 6, 12,29). Dieses Gewand bestand aus einer Vorder- und Rückseite, die an beiden Schultern mit einem in Gold gefaßten Onyx befestigt war und die Eingravierung der Namen der Kinder Israels enthielt. Das Brusttuch bestand aus dem gleichen Material wie jenes Gewand; es hatte eine Tasche, in der Urim und Thummin aufbewahrt wurden (Exodus XXXIX, 9). Die äußere Seite des Halsteiles zeigte eine Verzierung mit vier Reihen von Steinen, wobei sich in jeder Reihe drei Steine befanden. Jeder Stein ruhte in einer goldenen Fassung, in die man jeweils einen der Namen der Stämme Isaraels eingraviert hatte (Exodus XXVII, 17-20). Die letzte Ausführung über Steine finden wir in der Offenbarung XXI, 19-20.

Über die in das Brusttuch eingefaßten Steine bestand aufgrund der Übersetzung vom Hebräischen ins Griechische lange Zeit Unklarheit. Später erwies es sich als schwierig, die biblischen Namen der Steine in die Nomenklatur der modernen Mineralogie zu übertragen, und als Folge dessen entstanden verschiedene Ausführungen über die Namen der auf dem Brusttuch getragenen Steine.

Um Verwirrung zu vermeiden, wollen wir hier nur die Steine und die dazugehörigen Namen der Stämme aufführen, die sich auf dem silbernen Brustschild befanden, und die man später als Ornament für die Torah verwandte, die in einer alten Synagoge benutzt wurde.

Sard-Reuben	Amethyst-Gad	Smaragd-Judah
Achat-Naphthali	Jaspis-Benjamin	Topas-Dan
Chrysolit-Simeon	Onyx-Joseph	Saphir-Issachar
Granat-Levi	Beryll-Asher	Diamant-Zebulan

Man glaubte, daß der Saphir unserem heutigen Lapislazuli entsprach, um nur ein Beispiel für die bestehenden Unklarheiten zu nennen. Der Stein "Sard" oder "Sardius" befindet sich gegenwärtig gar nicht in der Nomenklatur identifizierbarer Steine.

Oben genannte Steine werden im Rahmen dieses Buches in alphabetischer Reihenfolge behandelt werden. Wir sind bemüht, in diesem Zusammenhang etwas mehr über das Brusttuch und seine Anwendung zu erfahren.

Wozu wurden die Brustschilder mit den vielen Steinen verwendet?

Zu jener Zeit kannte man den Wert der Steine. Jeder, der ein solches Brustschild trug, wurde durch die Schwingungen der Steine gesegnet. Jene, die sie trugen, wußten um den Wert

der Steine, die nicht nur dem Schutz dienten, sondern auch dazu, um die Intuition, den Einblick, Heilungsqualitäten usw. zu vergrößern. Das Brustschild mußte beständig getragen werden, da es nicht nur Schutz gewährte, sondern auch Weisheit und Heilungsqualitäten verlieh, wann immer dies erforderlich war.
Das Brustschild wurde außerdem zur Kommunikationsförderung verwandt. Auf einer Angesicht-zu-Angesicht-Basis war ihm eine tief verborgene Sprache zu eigen. Jene, die es tragen durften, benutzten sie als Geheimsprache, die eine verborgene, symbolische Bedeutung besaß. Sie offenbarten einander die Anwendungsmöglichkeiten der verschiedenen Steine auf dem Brustschild.

Auch die Anordnung der Steine war von Bedeutung, obgleich sie wiederum nichts mit den Kräften eines bestimmten Steines zu tun hatte. Die Steine wurden in drei senkrechten Reihen mit vier Steinen in jeder Reihe angebracht, wobei man an der oberen, rechten Seite des Brustschildes begann. (1)

Können wir etwas über die Steine auf dem Brustschild und ihre Qualität sowie ihre Anwendungsweise erfahren?

Sard

Heutzutage gibt es keinen Stein mit der gleichen Qualität, obgleich der Karneol ihm noch am nächsten käme. Die Sardsteine, die für das Brustschild verwendet wurden, sind seit frühester Geschichte nicht mehr erhältlich und somit auch

---

(1) Die richtige Reihenfolge finden wir auf der vorhergehenden Seite.

nicht mehr in Anwendung. Der Stein entstammte größeren Erdtiefen als der Chalcedon, und spätere Erdbewegungen bewirkten das Verschwinden des Steines von der Erdoberfläche.

Der Sard diente dazu, die Schwingungen eines Menschen zu erhöhen. Er führte bei den Menschen zur Bewußtseinsklarheit, die dessen bedurften. Er verhalf ihnen zur Erkenntnis dessen, was sie suchten.

Achat

Man bediente sich des Achates, um die physischen Bedürfnisse eines Menschen zu klären. Er versetzte in die Lage, Fehlfunktionen zu erkennen und festzustellen, was erforderlich war, diese zu korrigieren. Er besaß außerordentliche Wirkung auf der physischen Ebene und fand oft bei den damaligen Heilungsritualen Anwendung.

Man benutzt heute den Achat nicht mehr auf diese Weise. In der frühen Entwicklungsgeschichte des Menschen wurden viele Krankheiten nicht definiert oder benannt, während es heutzutage verschiedene Mittel für bestimmte Beschwerden gibt. Außerdem weilen diejenigen, die die Fähigkeit besaßen, die Krankheiten zu erkennen, nicht mehr unter uns. Obgleich es einige wenige Menschen auf der Erfe gibt, die imstande wären, den Stein auf vorgenannte Weise zu benutzen, ist ihre Anzahl doch sehr gering. Es liegt hier keine Gabe vor, die man erlernen oder lehren kann, sondern Intuition.

Chrysolit

Man verwendete den Chrysolit, um ihn anzuschauen oder in ihn hineinzuschauen, so wie man später Kristallkugeln benutzte. Es handelt sich hier eher um einen Stein zur Konzentration als um einen Stein mit einer bestimmten Schwingung, die sich bei gewissen Dingen als wesentlich erwies. Auch von den Priestern wurde er zur Konzentration verwandt.

Granat

Der Granat wurde benutzt, um Worte der Wahrheit und Klarheit zu empfangen, Gedanken und Ideen, die sich dem Träger/der Trägerin des Brustschildes einprägten. Jene Gedanken und Ideen entsprachen den Bildern der Wahrheit; sie waren klar, deutlich und einprägsam. Der Granat unterstützte den Priester darin, Visionen der Wahrheit von dem Menschen zu empfangen, mit dem er gerade arbeitete.

Der Granat bewirkt erweiterte Wahrnehmungsfähigkeit und bringt die höhere Schwingungsrate des Gebenden und Empfangenden miteinander in Einklang.

Amethyst

Der Amethyst wurde zu jener Zeit zur Geistheilung verwandt. Dieser Stein repräsentiert das Königtum, die Königswürde. Man sprach an dieser Stelle von der Königswürde der Menschheit, doch bewußtseinsmäßig war man nicht in der Lage, die Tatsache zu erfassen, daß sich der Mensch zu einem

spirituellen König entwickeln könne. Der Amethyst diente dazu, die spirituelle Bewußtheit zu steigern.
Die ätherische Qualität des Steines hat im vergangenen Jahrhundert zugenommen, und heutzutage verfügt man über größere Weisheit und größeres Wissen, die durch die Anwendung des Steines bewirkt wurden, da der Mensch jetzt wahre Bewußtheit über sein geistiges Leben gewinnt. Die Wirkung des Amethysts hat sich im Laufe der Jahrhunderte verstärkt.
Anmerkung: Um vorgenannte Aussagen besser zu verstehen, sollte man um die Wirksamkeit der sieben Strahlen wissen, da sie die Energiekräfte beeinflussen, die gerade auf der Erde wirken. Gegenwärtig verliert der violette Strahl, der Strahl des Idealismus, als vorherrschende Energiekraft an Einfluß, und der rote Strahl gewinnt an Wirkungskraft, indem er jene Energiemuster von ähnlicher Farbe, Schwingung oder Entsprechung beeinflußt. Um sich weitere Informationen bezüglich der sieben Strahlen zu verschaffen, empfehlen wir als Lektüre "Eine Abhandlung über die sieben Strahlen" von Alice Bailey. (1)

Jaspis

Jaspis stellte den Basisstein dar. Er inspirierte den Träger/die Trägerin zu wohlüberlegten Antworten. Er strahlte die Kraft aus, die ihm/ihr die Fähigkeit verlieh, alle Antworten zu einem Brennpunkt zu vereinigen.
Der Jaspis verfügte über eine ausgleichende Qualität; die erteilte Antwort war derart ausgewogen, daß der Empfänger besser imstande war, sie zu verstehen.

---

(1) Vgl. auch: Flower A. Newhouse "Die Tore der Weisheit" (Anm. d. Hrsg.)

Sardonyx

Dieser Stein wird manchmal irrtümlicherweise als Onyx (aufgrund der Übersetzung vom Hebräischen ins Griechische) bezeichnet, und er wurde statt des Kristalls vielfach als Spiegel benutzt, um nach innen zu schauen. Der Priester konzentrierte sich auf den Sardonyx, woraus seine Visionen entstanden. Man kann hier nicht von einem Hineinschauen in den Stein sprechen. Er erfüllte seinen Zweck dadurch, indem man sich auf ihn konzentrierte.

Beryll

Der Beryll wurde von den Priestern verwendet, wenn sie von ihren Vorsätzen abkamen, wenn sie sich über das Kommende unsicher waren. Es schien, als berührten sie den Stein, um sich daran zu erinnern, daß ihnen eine bestimmte Aufgabe im Leben oblag, der sie sich mit voller Ernsthaftigkeit widmeten. Durch den Beryll wurde ihm zu Bewußtsein gebracht, daß er ein Erdenmensch war und trotzdem eine große Aufgabe zu erfüllen hatte. Hierin lag sein Berührungspunkt mit der Realität: sicherzustellen, daß er aufrichtig seine Aufgabe erfüllen würde. Der Stein bedeutete Festigung und Stärkung für ihn.

Smaragd

Dem Smaragd war die Kraft zu eigen, jene Weisheit und Liebe hervorzubringen, deren es bedurfte, um alle Gedanken, Ideen und Visionen zu transformieren, die der Priester oder Träger/Trägerin des Steines hatte. Der Smaragd vermit-

telte Gefühlstiefe und ein Empfinden für Schönheit sowie Verständnis und Sinn für Zusammenarbeit.
Die Weisheit der Priester wurde durch die Anwendung von Smaragden erhöht. Aufgrund dessen waren sie in der Lage, mehr als eine Antwortebene zu erkennen. Dadurch vermochten sie eine bestimmte Antwort auf die einzelnen Lebensbereiche oder Probleme eines Menschen zu beziehen. Es schien, als würden gleichzeitig mehrere Bewußtseinsebenen erschlossen.

Topas

Der Topas diente dazu, den Priester an die irdische Schönheit aller Wesen und die Klarheit der Gedanken zu erinnern. Er diente desweiteren zur Erhebung der Menschen. Der Topas galt als "zusätzlicher Segen." Er erinnert an das Wohlbefinden des einzelnen.

Lapislazuli

Der Lapisstein (in früherer Zeit auch Saphir genannt) diente dazu, die Empfindsamkeit des Priesters soweit zu erhöhen, damit er sich Kommendem besser zu öffnen vermochte. Der Lapislazuli vergrößerte bis zu einem gewissen Grade seine medialen Fähigkeiten, und auch die Gebete, denen er sich den Großteil des Tages widmete, trugen dazu bei, seine medialen Kräfte weiter zu entwickeln. Medial bedeutete in diesem Zusammenhang, daß er sich der Einheit des Geistes mit dem Universum bewußt war und erkannte, daß die empfangenen Botschaften nicht seinem eigenen Sein entstammten, sondern höherer Quelle. Das Bewußtsein über die Seele unterschied sich zu jener Zeit beträchtlich vom heutigen Bewußtsein. Der Mensch wußte seinerzeit um seinen höheren Ursprung und sein höheres Sein, doch er war sich nicht vollkommen klar darüber, daß er in seinem gesamten Wesen mit jener höheren Kraft oder jenem höheren Sein verbunden war, wie er sich dessen heute bewußt ist. Die Auffassung über die "Seele" unterschied sich damals beträchtlich von der heutigen Anschauung.

Der Lapis besaß für den Priester noch eine andere große Bedeutung. Er vermochte sich dadurch so zu sehen wie ihn andere Menschen sahen, und dies unterstützte den Priester darin, mit jedem Menschen auf der ihm gemäßen Ebene zu sprechen. Dergleichen bewirkte größeres Mitgefühl und Verständnis, ein Einfühlen in den Verstand, Geist und Körper desjenigen Menschen, den er gerade behandelte.
Der Lapislazuli führt zur Verschmelzung des Geistes mit anderen Wesen.

Diamant

Der Diamant bildete den Abschlußstein auf dem Brustschild. Er stellte sozusagen das "höchste Ziel", den "Stern der Wahrheit" dar, das Wissen über die Einheit mit dem Vater, die über allem Irdischen stand. Er war der Leitstern von Bethlehem für alle, die diesen Stern trugen, obgleich die Zeit der Geburt Christi im versprochenen Land noch fern lag. Solches war ihr höchstes Ziel, das Streben nach der höchsten aller Antworten. Der Diamant glich einem scharfen Dolch oder Messer, da er sofort zum Kern eines Problemes durchdrang, zur Tiefe der Antwort, zum höchsten Ziel; und deswegen bestanden beim Priester oder Antwortsuchenden nicht die leisesten Zweifel.

Gibt es in bezug zum Brustschild noch Weiteres von Interesse als vorgenannte Ausführungen?

Das Brustschild geht bis zum Beginn der "institutionalisierten Kirche" zurück. Es geht bis zum Beginn der Kommunion des Menschen mit Gott zurück, es läßt sich bis zu den frühesten Zeiten des Menschen zurückverfolgen, soweit er sich dessen erinnern kann, bis zu jener Zeit, als er imstande war zu bemerken, daß ein Stein sich vom anderen unterschied und er wußte, daß das Wissen des Menschen nicht aus seinem eigenen Sein entstammte, sondern aus höherer Quelle. Das Brustschild geht bis zu jener Zeit zurück, in der der Mensch vor allem durch Gefühle anstatt durch Worte kommunizierte, da sein Vokabular, obgleich ziemlich ausgeprägt, trotzdem nicht so umfassend war wie das Gefühl, das den Steinen entströmte. Dergleichen läßt sich ungefähr mit unseren heutigen Gebetsketten oder Gebetssteinen vergleichen, die man berührt und von denen man weiß, daß sie in Bezug zum Gefühl stehen anstatt ein bestimmtes Gebet in Worte zu fassen.

Hier sei festgestellt, daß, obgleich sich der Mensch nicht vollkommen über die Anwendung der Steine bewußt war, er doch die von ihnen ausgehenden Schwingungen verspürte und wußte, wann er ihrer bei der Arbeit an seinem Nächsten bedurfte. Während er in seiner Entwicklung fortschritt, wurde er sich der Notwendigkeit der Steine und ihrer Hintergründe noch tiefer bewußt. Die Weitergabe dieses Wissens erfolgte damals allein durch Überlieferung, und erst im Laufe der Zeitalter wurde über die Bedeutung eines jeden Steines geschrieben. Das Brustschild wurde nicht nur zum Schutz des Trägers getragen, sondern um den Priester fortgesetzt an seine Aufgabe und sein Amt zu erinnern. Indem er die einzelnen Steine berührte, so wie heute jemand einen Rosenkranz berührt (sofern er der entsprechenden Glaubensrichtung angehört), war er unmittelbar in der Lage, seine Gedanken und Gefühle auf die besondere Bedeutung, die die Steine beinhalten, zu richten. Hierbei berührte er den Stein, der seinen Erfordernissen oder denen des zu Behandelnden entsprach. War Erdgebundenheit für ihn erforderlich, berührte er den Stein, der eine entsprechende Schwingung aufwies. Mußte er sich auf die physische Gesundheit oder das geistige Wohlbefinden seines Gegenübers einstellen, berührte er den Stein, der wiederum damit in Verbindung stand. Er war vielleicht damals nicht in der Lage, sein Tun und Handeln in Worte zu fassen, doch wurde er automatisch von der Schwingung angezogen, die ihm bei der vorliegenden Aufgabe half und ihn dabei unterstützte. Er bediente sich der Steine zur Information, denn da er sich psychisch auf sie einzustimmen vermochte, konnte er dem Antwortsuchenden die richtige Information vermitteln. Er beriet seinen König oder andere Menschen, die der Hilfe bedurften, da er mit jener höheren Quelle in Verbindung stand. Jemand, dem eine solche Gabe verliehen worden war, wurde als Sprecher Gottes betrachtet, und dergleichen bedeutete für jeden eine Forderung, da man wußte – wie dies auch auf unsere heutige Zeit zutrifft - es gab Menschen, die nicht aufrichtig ihres Amtes walteten und nur gaben, da sie hofften, viel zu bekommen, oder da sie Vorteile durch andere erwarteten. Derartige Dinge geschahen auch schon zu jener Zeit, und viele mißbrauchten ihre Gabe. Der Priester, der jemanden behandelte, brauchte nicht auf Fragen zu warten, sondern ver-

mochte die Information, die ihm zuteil wurde, gleich weiterzugeben. Auf diese Weise diente er als reiner Kanal und wurde stets von den richtigen Steinen auf dem Brustschild angezogen, da er sich der Bedürfnisse anderer bewußt war.
Die Steine dienten ebenfalls dem Schutz seines eigenen Körpers, da sie gegen ihn gerichtete Negativität auffingen und zurückwarfen. Er war sich dessen nicht einmal bewußt, da er durch eine gute Schule gegangen war und die Gewißheit besaß, daß er beständig vor unguten Einflüssen geschützt war. Er wußte, wer er war, er kannte seinen Platz in der Gemeinschaft und Kirche; er war sich über seinen Nutzen und Wert für alle, die ihn aufsuchten, im Klaren.
Es gab einige unter ihnen, die diese Position zur Machtausübung mißbrauchten. Ungefähr zehn Prozent von ihnen nutzten ihre Position aus; ob sie aufrichtige Informationen lieferten, hing davon ab, ob sie wirklich den Stein berührten, der mit dem entsprechenden Bewußtseinsaspekt verknüpft war.

Die Auswahl der Priester erfolgte gemäß ihrem Geburtsrecht; sie waren folglich von Geburt an auserwählt. Diejenigen, die den Tempeldienst versahen, gehörten einem besonderen Stamm an, und man übergab sie schon in frühester Kindheit dem Tempel. Sie waren sozusagen ein Geschenk an den Tempel. Darin lag auch der Grund, daß es solche gab, denen es an Aufrichtigkeit in ihrem Amt mangelte. So wie sich die Menschen heute voneinander unterscheiden, so galt dies auch für die damalige Zeit und jene, die von ihren Eltern auserwählt wurden, waren nicht unbedingt immer diejenigen, denen ihre Aufgabe am Herzen lag. Daraus sollte jeder seine Lehre ziehen und nur Menschen, die sich aus ihrem tiefsten inneren Sein heraus einer Aufgabe widmen, können diese zur vollsten Zufriedenheit versehen.

In Verbindung mit dem Brustschild fielen die Begriffe Urim und Thummin, welche beide in Beuteln unter dem Brustschild verwahrt wurden. Um was handelt es sich hierbei und worin bestand ihre Verwendung oder Anwendung?

Urim diente dazu, um die positiven Qualitäten oder Schwingungen aus dem Inneren des Menschen anzuziehen, und indem dies geschah, vermochten die Priester die Bedürfnisse des einzelnen zu unterscheiden und erkannten die Gaben, die jedem zur Verfügung standen. Urim verwandelte bestimmte Qualitäten in der Aura eines Mannes oder einer Frau in kämpferische oder energische Wesenszüge, um sie dabei zu unterstützen, die auf sie zukommenden Lebensumstände zu meistern. Es war wichtig, diese Gaben zu erkennen, damit der einzelne in der weisen Anwendung bestimmter Gaben unterrichtet werden konnte und so alltägliche Probleme zu meistern vermochte.

Urim verblieb im Beutel, denn es bestand vielleicht keine Notwendigkeit, dergleichen beim Nächsten anzuwenden oder jemand davon wissen zu lassen. Urim war nur von Nutzen, um die Menschen zu erwecken. Es gab Gelegenheiten, die den Priester veranlaßten, in den Beutel zu greifen, um etwas von dieser "Kraft" heimlich auf den Boden zu streuen. Indem er solches tat, reinigte er den Boden und befreite ihn von negativen Kräften. Er tat solches nur in außergewöhnlichen Fällen, doch es war möglich, und er verfügte über das innere Wissen, das ihm sagte, wann solches erforderlich war. Gewöhnlich in Fällen, um ein Haus oder ein Stück Land zu schützen oder Kräfte anzuziehen, die er im Äther um sich fühlte.
Urim wurde in einem Beutel auf der rechten Seite des Brustschildes getragen. Es entstammte der Wurzel einer strohfarbe-

nen, vertrocknet aussehenden Wüstenpflanze names Thoynosis. Diese Wurzel wurde zu Pulver zerrieben oder gemahlen, das im Brustbeutel untergebracht wurde. Diese Pflanze wächst immer noch in einigen Gegenden der Erde; besonders häufig kommt sie an schwer zugänglichen Orten vor, doch heutzutage besitzt sie einen geringen Nutzen, da der Mensch inzwischen Geistes- und Verstandeskontrolle erlernt hat und imstande ist, diese Kräfte ohne den Zusatz von Kräutern und Tee einzusetzen. Der Mensch vermag sich heutzutage nach innen zu wenden, da er das Wissen früherer Zeiten besitzt, das damals nicht in Worte gefaßt werden konnte. Heutzutage bedarf es eines solchen Pulvers nicht mehr.

Thummin stellte eine aufbrechende, aufspaltende Kraft dar, die zu einer kreativen Unordnung des behandelten Menschen führte, da sie seine Gedanken und Gefühle solange vermengte, bis er zwischen ihnen und seinem inneren Wissen unterscheiden konnte. Thummin wirkt auf die feineren Körper ein; es verfügt übcr keinerlei Einfluß auf den physischen Körper.

Anders als Urim wurde Thummin aus dem Knochenmark von Tierknochen gewonnen.
Obgleich an dieser Stelle von einer "aufspaltenden Kraft" die Rede ist, wurde dieser Ausdruck in anderem Zusammenhang gebraucht als dies normalerweise der Fall ist. So wie es notwendig ist, den Boden zu pflügen bevor die Ernte eingebracht werden kann, so wurde es viele Male notwendig, die Gefühle zu vermischen, um sich darunter die notwendigen Elemente der Wahrheit auszusuchen, mit denen dann gearbeitet wurde. Dieses Verfahren erinnerte an "das Aufbrechen des Bodens". Dadurch heilte man gleichzeitig Geist und Körper.

Nach dieser kurzen Einführung, wie und warum die Priester die Steine zur Behandlung verwandten, wollen wir uns jetzt mit der Vielfältigkeit der Energiemuster der einzelnen Edelsteine und Halbedelsteine befassen, indem wir uns dabei erinnern, daß alle Dinge aus winzigen Atompartikeln bestehen, deren Energiemuster und Entsprechungen auch in anderen Naturreichen auftreten. Diese Verbindung existiert, da wir alle Teil des EINEN sind. Der Mensch sollte dergleichen aus seinem tiefsten inneren Sein heraus begreifen; ALLE sind Teil des EINEN und EINER ist Teil des GANZEN; es gibt für alles ein Muster und einen Grund. Nichts entsteht aus sich heraus, nichts existiert in Getrenntheit. Seid euch dessen bei all eurem Denken und Tun bewußt, bei all eurem Lesen und Lernen.

Edelsteine und Halbedelsteine

Achat

Der Achat ist ein verbreiteter Stein und man entdeckt ihn in vielen Gebieten der Erde. Er beherrscht das gesamte Farbspektrum und wird gewöhnlich in einer Vielfalt von durchscheinenden Farben mit Streifenmustern gefunden.

Worin bestehen die Eigenschaften des Achates?

Spirituelle Eigenschaften

Der Achat verbindet die vielen Qualitäten des Menschen miteinander; er verfügt über die Eigenschaft, die einzelnen Chakras des Menschen gleichzeitig "anzuzapfen". Er führt zum Einklang des Kehl-, Herz- und Solarplexus-Chakras und veranlaßt diese zur Zusammenarbeit. Achat fördert die Erdqualitäten des Menschen, nicht im Sinne einer Verstärkung, sondern im Sinne einer Verschmelzung und Verbindung. Er besitzt die interessante Fähigkeit, zur Erkenntnis der Wahrheit zu führen, oder er trägt dazu bei, sie deutlich werden zu lassen. Wurde er von geistig eingestimmten Priestern benutzt, führte er sie stets zur Wahrheit oder vermittelte ihnen eine bestätigende Antwort.

Der Achat ist in sich geschlossen, er wirkt mit sanfter Energie und weist keine kraftvolle Natur auf; jedoch verleiht er allen Dingen ihre Reife. Er verbindet sie und führt zu einem gemeinsamen Wirken. Hier handelt es sich um einen Stein, der allen Menschen zum Segen gereicht. Er kann als Ring oder anderweitig als Schmuck auf dem Körper getragen werden und wird keinerlei negative Wirkungen zeigen.

Heilkräfte

Der Achat eignet sich gut für den Magen, besonders bei Zuständen von Übelkeit. Man hält den Stein über den Solarplexus, um physische Beschwerden zu lindern. Sind die Beschwerden auf Emotional- oder Mentalstörungen zurückzuführen, dann zeigt er keine Wirkung.

Achat unterstützt das Gefühl des "Annehmens, Akzeptierens". Obgleich Dinge einen negativen Charakter tragen mögen, ist man imstande zu lernen, jene besondere Situation anzunehmen, indem man weiß, daß dieser Zustand vorübergehender Natur ist und andere Gegebenheiten an seine Stelle treten werden.

Energie

Der Achat verwandelt den Energiefluß im Körper oder in jenem Chakra, das einer Störung unterworfen ist. Er entspricht unserem Planeten Erde und seine Farbschwingung liegt im blau-türkisen Bereich.
Der Mensch sollte lernen, einen Bezug zum Achat herzustellen, und er sollte seine inneren Emotionen nicht verdrängen und unterdrücken, damit diese sich miteinander zu verbinden vermögen. Indem er solches tut, erfährt er, daß er positive und negative Phasen zu durchleben vermag, und es Tätigkeitsbereiche gibt, in denen er über große Stärke verfügt, aber auch Gebiete, in denen er Schwächen zeigt. Indem das Positive und Negative miteinander verschmilzt, erreicht die Seele physische Harmonie, wie der schöne, erdgebundene Achatstein sie ausstrahlt.

Amethyst

Der Amethyst umfaßt eine Vielfalt von Quarzsteinen, deren Farbspektrum sich von einem Blaßviolett bis zu einem tiefdunklen Violett erstreckt. Obwohl er wirtschaftlich nie eine besondere Bedeutung besaß, wurde er von Königshäusern immer geschätzt und wird auch heute noch von vielen als königlicher Stein angesehen.

Spirituelle Eigenschaften

Die Gesundheit, das Heilsein und Wohlbefinden des gesamten Planeten liegen innerhalb der Fähigkeiten dieses großen, edlen Steines. Das Herz des Amethysten beherbergt die Schwingung der Liebe, wodurch alle Körper- und Seinsbereiche verbunden werden. Dieser Stein vermag Schmerz in Freude und Harmonie zu verwandeln. Er vermag die molekulare Struktur der Dinge zu verändern. Das durch den Amethysten strahlende Sonnenlicht erweist sich als sehr segensreich, da auf diese Weise jene Energiestrahlen verstärkt werden, die aus den außerhalb unseres Planeten liegenden Sphären zu uns kommen. Der Stein kann auch auf den Mond gerichtet und hier ähnlich verwendet werden, doch es sei darauf hingewiesen, daß die vom Mond reflektierten Lichtstrahlen den Emotional- und Ätherkörper beeinflussen, während die Sonnenstrahlen auf den physischen Körper wirken.

Da der Amethyst sich sowohl auf physischer als auch auf geistiger Ebene auf den Körper auswirkt, ist es wichtig, edle Absichten zu verfolgen; derjenige/diejenige, der/die mit ihm arbeitet, sollte über jeden Tadel erhaben sein, da Steine, obgleich nicht tot, doch nur als Sende- und Empfangsstation dienen, und es deswegen notwendig ist, daß die Energie einer vitalen Quelle entstammt. Es mag für manche Menschen schwer erfaßbar sein, doch sind alle Lebensformen auf dem Planeten im Laufe ihrer Entwicklung, während derer sie ihr eigenes Sein, ihre Blutenergien vervollkommneten, dazu imstande, klarer und reiner zu denken und diese Gedanken über die Erde auszusenden. Solches ist dem Menschen nicht nur zu seiner eigenen Vervollkommnung gegeben, sondern auch, damit er auf die Umgebung um sich herum segensvoll einwirke. Er vermag dies um so besser zu tun, wenn er meditiert und sich auf den Amethysten einstimmt oder ein klares Bild von ihm in seinem Geiste trägt. Von größter Hilfe erweist sich hierbei die Reinheit des Denkens.

Heilkräfte

Der Amethyst ist als Heilungsstein wirksam. Jedoch bedarf jeder Stein, der zur Heilung verwandt wird, eines Senders, damit das, was aufgenommen wird, auch abgegeben werden kann.

Die Aura des Amethysten erweist sich für den physischen Körper, auf dem er getragen wird, als außerordentlich bedeutsam. Sie besitzt die Fähigkeit, alle Schwingungen aufzunehmen, die entweder mental oder physisch auf den Träger/die Trägerin des Steines gerichtet sind. Indem sie diese Kräfte, ähnlich wie ein Schwamm das Wasser, aufnimmt, wird der Körper vor Schwingungen bewahrt, die er nicht benötigt. Wenn demgemäß der Amethyst als Schutzstein eingesetzt wird, nimmt er jene Energiemuster auf oder hält solche zurück, die sich ungünstig auf seinen Träger/Trägerin auswirken; die ungünstigen Schwingungen kehren in den Äther zurück oder werden zurückgewiesen. Daraus sollte nicht abgeleitet werden, daß negative Kräfte wirklich in den Äther zurückkehren, sondern dorthin, wo sie zu einer bestimmten Zeit von einem bestimmten Menschen oder Wesen benötigt werden und sich dann als positiv erweisen. Wir erkennen in diesem Zusammenhang, daß alles Energie ist, und Energie vermag in gewisser Weise überall genutzt zu werden.

Sobald dem Amethysten die Botschaft vermittelt wird, daß sein Träger/seine Trägerin bestimmter Energien bedarf, zieht der Stein jene besonderen Schwingungen an, konzentriert sie und gibt sie an seinen Träger/seine Trägerin ab. Benutzt man einen Amethysten, um jemand anderem zu helfen, sollte der Helfende reinen Geistes und reiner Gedanken sein, denn je klarer sein Geist und Körper sind, um so größer die Hilfe für den Empfänger.

Der Amethyst bedarf der Unterstützung des Geistes oder Mentalkörpers, um die größte Wirkung zu erbringen. Trägt jemand einen Stein, so kann ihm/ihr nur geholfen werde, wenn der Stein ungünstige Schwingungen aufnimmt, und auch dann stellt dergleichen nur eine Hilfe für den Ätherkörper dar. Solches ist gleichsam mit einer Öffnung gleichzusetzen, die die höheren Körper durch den Amethyst erfahren. Sie werden auf eine Weise geprägt, die den physischen Körper befähigen, andere Energiemuster anzunehmen und zu nutzen.

Der Amethyst wirkt reinigend und verstärkend auf alle Heilungsstrahlen. Wird er von jemandem getragen, der als Empfänger dient, bildet er einen Empfangsmittelpunkt. Wird er von einem Heiler getragen, konzentriert dieser sein Denken auf ein bestimmtes Anliegen, um die Energie auf den zu Heilenden zu lenken. In einer solchen Situation wäre es empfehlenswert, wenn sowohl Heiler als auch Patient einen Amethyst

benützten, da sie auf diese Art wie Sender und Empfänger wirken.
Die Farbe als solche (violett) wirkt reinigend; eine Farbe, die viele Unreinheiten auslöscht. Sie wirkt direkt auf die Arterien oder Blutgefäße. Aufgrund seiner höheren Schwingungsrate ist der Amethyst direkt mit der Lebenskraft aller Geschöpfe und Dinge verbunden, die Lebenskraft entspricht dem Blut, das den Menschen und alle Geschöpfe des Tierreiches durchströmt. Blau stellt die reinigende Kraft dar und verbunden mit dem Rot aktiver Energie (die beide zusammen violett ergeben) befähigt es, das Wahre vom Unwahren, das Reine vom Unreinen zu unterscheiden. Wissend, daß für den Träger/die Trägerin nur sauberes Blut oder ein reines Leben gut ist, hält der Stein alle niederen Schwingungen zurück, die das Blut des Trägers/der Trägerin nicht benötigt oder die ungünstig für es sind.

Indem der Amethyst das Blut beeinflußt, wirkt er über den Ätherkörper, doch nicht über ein bestimmtes Chakra, sondern erst, wenn er über die einzelnen Arterien, die einzelnen Blutgefäße gehalten wird, führt er Energie zu oder zieht bestimmte Energien ab. Es empfiehlt sich, den Stein über den Körper zu führen und dort aufzulegen, wo sich das Problem befindet. Er entwickelt seine größte Wirkung, wenn er in der Nähe des Herzens aufgelegt wird, wo das Blut einströmt. Der Amethyst erweist sich bei der Thrombose-Behandlung oder bei Emboliegefahr als überaus hilfreich, wo es notwendig ist, ein Blutgerinnsel in den Gefäßen aufzulösen, damit es keinen Herzstillstand verursacht. Hält man den Amethyst über das Blutgerinnsel, stellt man fest, daß es sich auflöst und zwar auf solche Weise, die im Körper keine weiteren Störungen verursacht. Er sollte stets in Richtung des Herzens bewegt werden, unabhängig davon, an welcher Stelle man das Blutgerinnsel auflösen möchte. Der Stein sollte auf die Arterie oder Hauptschlagader aufgelegt werden und dort zehn Minuten verbleiben. Anschließend sollte er sanft zum Herzen bewegt werden.

Ein weiterer interessanter Aspekt des Amethysten beruht in seiner Wirkung auf die Lungen, da diese in umfangreichem Maße von seiner Farbe beeinflußt werden. Die genaue Kenntnis der Farbe dient dazu, die Lungen auf bewußte Art mit Sauerstoff zu füllen. Der gesamte Körper des Menschen erreicht eine neue Seinsdimension, wenn er imstande ist, seinen Geist so gründlich und vollkommen zu beherrschen, daß er über die Farbe zu meditieren vermag und hierbei keinerlei andere Gedanken seine Meditation durchdringen. Ist man hierbei imstande, noch tief zu atmen, unterstützt dies den Reinigungsprozeß des ganzen Körpers. Man hat mit dieser Methode bereits in früher Zeit gearbeitet und arbeitet mit ihr auch in der Gegenwart. Es wäre gut, damit zu experimentieren und diese Methode im eigenen Leben auszuprobieren. Sie wäre auch für jene hilfreich, die unter Asthma und Allergien leiden, die ihre Atmung erschweren. Jene Technik trägt außerdem dazu bei, die Lungenkrankheiten der in Smog-Gebieten lebenden Menschen günstig zu beeinflussen. Wenden Sie sie an, versuchen Sie, sie zu einem Bestandteil Ihres Lebens zu machen, und Sie werden den Unterschied erkennen.

Energie

Das Energiemuster des Amethysten verfügt über die Fähigkeit, die molekulare Struktur der Dinge zu verändern; damit verursacht der Stein einen Kampf im Sein aller Wesen und Dinge auf Erden. Er veranlaßt die Moleküle, ihre Schwingungsrate zu erhöhen und zu beschleunigen, und indem dies geschieht, führt er die Moleküle der Struktur eines bestimmten Wesens oder Gegenstandes dazu, sich in einer klareren, reineren Form neu zu ordnen. Durch seinen außerordentlichen Magnetismus ist er imstande, diese Veränderungen zu bewirken. Er führt die einzelnen Strukturen dazu, das ihnen Angemessene und Verträgliche zu finden. Selbst wenn es Störfaktoren geben sollte, löst der Amthyst sie auf und bewirkt Harmonie.

Der Amethyst kann dazu verwandt werden, dem Ätherkörper Energie zuzuführen, indem man ihn über den Kopf hält, wobei das Sonnenlicht in ihm Konzentrierung erfährt und zum Scheitel-Chakra fließt. Die gleiche Energie kann auch durch Ihr "drittes Auge" für die Gesunderhaltung und Heilung anderer eingesetzt werden. Es stellt das Zentrum dar, auf das Sie sich konzentrieren sollten, wenn Sie mit Ihrem eigenen Amethysten arbeiten. Diese Methode eignet sich nur für "Heiler" und ermöglicht es, Problemzonen und -gebicte im Körper eines anderen Menschen aufzufinden.

Es gibt eine andere Methode, bei der man mit Energien mittels des "Herz-Chakras" arbeitet, jenes Chakras, durch das das "Gesetz der Gnade" in der Heilung zur Wirkung kommt. Die Benutzung des "dritten Auges" oder Stirn-Chakras eignet sich zum Beispiel gut bei der Behandlung von Knochenbrüchen. Wir gehen hier tief in die Wunde hinein, wodurch Heilung eingeleitet wird. Was das Herz-Chakra anbetrifft, so finden wir dort das Strömen der Liebesenergie. Es besänftigt und verschmilzt die gesamte Materie. In diesem Zusammenhang ist es nicht erforderlich, das einzelne Problem zu kennen, es reicht, daß Ganzheit angestrebt wird, welche sich auf eine Art und Weise einstellen mag, die nicht unbedingt den

Vorstellungen des menschlichen Geistes entspricht. Deswegen sagen wir, sie trete als ein Teil des "Gesetzes der Gnade" in Erscheinung.

Tragen Sie den Amethysten als Schmuck oder verwenden Sie ihn zum Heilen, sollte er so dicht wie möglich am Herz-Chakra getragen werden, am besten darüber, vielleicht in einen Schal oder eine Kravatte eingenäht.

Der Amethyst erweist sich für alle Menschen als nützlich. Sie sind imstande, einen Ton oder eine Note zu finden, die jener Farbe entspricht, und falls sie sich auf die Schwingung des Tones und der Farbe einstimmen können, entdecken sie, daß eine positive Wirkung eintritt. Der Amethyst wirkt besänftigend und erweichend auf jene, deren Geist sich verhärtet hat, die harte Gedanken hegen. Er eignet sich jedoch auch als Zusatzmittel für jene, für die dergleichen nicht zutrifft.

Aquamarin

Der Aquamarin ist ein klarer Stein aus der Beryll-Familie. Sein Farbspektrum erstreckt sich von einer zartblauen Färbung bis zu kräftigen blaugrünen Tönungen. Er wurde von Frauen als Schmuck schon immer geschätzt.

Worin bestehen die besonderen Qualitäten des Aquamarins?

Spirituelle Eigenschaften

Der Aquamarin ist ein wunderbarer Meditationsstein. Er ist ein Stein, in den die Seele einzutauchen vermag und so die Schönheit der gesamten Natur verspürt. Dieser Stein strahlt eine Leichtigkeit aus, die den Menschen veranlaßt, die Einheit des Lebens zu erkennen. Er verströmt Heiterkeit und Frieden, so wie auch das Meer Frieden in die Herzen vieler Menschen einkehren läßt.

Heilkräfte

Der Aquamarin besitzt weder besondere Heilungseigenschaften noch ist er von großem materiellen Wert. Er könnte in dem Sinn als heilend bezeichnet werden, in dem auch Wasser heilend oder besänftigend auf die Seele wirkt, und trotzdem verfügt er nicht über jene starke Schwingung, die einen Menschen tiefgehend beeinflußt. Er wirkt auf die Thymusdrüse im Herz-Chakra ein, indem er das Öffnen dieses Chakras erleichtert. Folglich ist es am besten, wenn er an einer Halskette getragen wird, die über das Brustbein bis zur Thymusdrüse hinabreicht.

Energie

Der Aquamarin verströmt Frieden, nicht nur an einen Menschen, der sich meditativ auf ihn eingestimmt hat, sondern an alle, die sich auf ihn konzentrieren, um über ihn zu meditieren. Falls Sie Ihre Energie oder Gedanken auf den Aquamarin lenken und dabei an jemanden denken, wird er der Seele des Betreffenden Frieden bringen. Im Aquamarin ist die Schwingung der Stille, die wie Balsam auf eine Wunde wirkt.

Das Wesen dieses Steines entspricht dem monatlichen Zyklus der Frau, da die Zyklen des Menschen, der ihn trägt, von Bedeutung sind, wie auch der Lebenszyklus, dem jener Mensch unterworfen ist, und dergleichen bewirkt ein unterschiedliches Ausströmen von Frieden und Stille und beeinflußt Aufnahmebereitschaft und die Tiefe der Meditation.

Der Mensch sollte sich über den Aquamarin in Kontemplation versenken und ähnlich wie der Stein werden, damit andere die Wahrheit und die Weisheit in ihm erkennen, und er sollte sich zurückhalten, indem er anderen weder seine Weisheit, Energie noch Gedanken aufdrängt. Man tut gut daran, ein sanftes Wesen zu entwickeln und gleichzeitig Charakterstärke zu zeigen, was dem Wesen des Aquamarins entspricht, der nicht so leicht bricht und trotzdem eine gewisse Nachgiebigkeit in Bezug auf seine Umgebung zeigt.

Azurit

Der Azurit ist im allgemeinen ein undurchsichtiger, trüber Stein, der Kupfererz enthält und dessen Farben sich von einem Azurblau bis zu einem tiefen Dunkelblau erstrecken. Besitzt der Azurit in bezug auf geistige Qualitäten einen Wert?

Allgemeines

Mit dem Azurit läßt es sich leicht arbeiten, er eignet sich deswegen für den Anfänger oder Neophyten. Die Leichtigkeit seiner Schwingung unterstützt jeden Meditationsneuling in der spirituellen Praxis; er eignet sich zu diesem Zweck besser als andere Steine. Man trägt ihn am besten als Ring an der rechten Hand, obwohl es genauso gut ist, bei der Meditation in jeder Hand einen Stein zu halten. Steine vom Durchmesser eines Silberdollars sind hier besonders empfehlenswert.

Spirituelle Eigenschaften

Der Azurit verfügt über eine leichte reinigende Wirkung. Er erreicht zwar nicht die tiefsten Seinsebenen eines Menschen, doch er bewirkt die Aufhebung von oberflächlichen Irritationen und Störungen im Geist. Hierin liegt allein sein Wirkungsfeld. Er schenkt inneren Ausgleich und verleiht kleinen Bereichen des Geistes einen gewissen Frieden.

Der Stein beinhaltet auch einen bestimmten Liebesaspekt, der sehr sanft, sehr freundlich und sehr geduldig ist. Obgleich er nicht sehr tiefgreifend wirkt, vermag er von zusätzlicher Hilfe für jene zu sein, die seiner bedürfen.

Energie

Die Milz erfährt durch diesen Stein Unterstützung, doch er weist keine so starke Schwingung auf, daß er sie durchdringen könnte. Er ist von größtem Nutzen, wenn er in Verbindung mit anderen Steinen angewandt wird. Allgemein gesprochen vermögen Steine von oranger Farbe die Milz überaus anzuregen, und man sollte deshalb Vorsicht walten lassen. Demgemäß verströmt der Azurit in Verbindung mit einem orangefarbenen Stein (der Karneol wäre ausgezeichnet in diesem Zusammenhang) eine ausgleichende und beruhigende Schwingung, und es ließe sich auf diese Weise eine größere Wirkung erzielen als durch einen Stein allein.(1)

Azurit empfiehlt sich für kleine Kinder, insbesondere für kleine Mädchen, da er ihnen hilft, sanfter zu werden, rücksichtsvoller gegenüber anderen und ganz allgemein ausgeglichener in ihrem Verhalten. Er vermittelt ihnen kein vollkommenes Konzept, da ihr Geist und ihr Herz der Übung bedürfen, doch ist er nützlich für sie.(2)

---

(1) Die Milz leitet pranische Energie aus dem Äther in den physischen Körper. Überstimulation dieses Bereiches ruft ein Übermaß an Energie hervor, was wiederum zu physischen Störungen führt.

(2) Falls Sie mit kleinen Kindern arbeiten, verwenden Sie bitte keinen Karneol oder andere orangefarbene Steine in Verbindung mit Azurit.

Der Azurit ist so klar wie das Wasser, das auf der Erde fließt, so rein wie der Himmel, der sich über ihr wölbt. Es gibt Unvollkommenheit in diesem Stein, wie bei vielen Dingen, und vieles von seiner Schönheit liegt in seiner Unvollkommenheit und in dem Bewußtsein, daß Dinge, die nicht vollkommen sind, in sich das Potential bergen, vollkommen zu werden.

Heliotrop

Der Heliotrop, ein Mitglied der Chalcedon-Familie, ist ein tiefgrüner Stein mit eingeschlossenen roten Flecken von Jaspis. Er hat in der mystischen Symbollehre lange eine bedeutende Rolle gespielt, vor allem in Indien, wo der Großteil gewonnen wird.

Worin bestehen die besonderen Qualitäten des Heliotrops?

Spirituelle Eigenschaften

Der Heliotrop besitzt tiefgreifende Kräfte und beeinflußt das Kundalini-Zentrum. Dieser Stein sollte nur von jemand verwandt werden, der die Kundalini-Energie kennt, sie bereits erweckt hat. In den Händen eines wenig entwickelten Menschen ist der Heliotrop tot oder ruhend.

Jene, die imstande sind, die Kundalini umzuwandeln, sollten einen ungefaßten Stein benutzen und ihn entlang der Wirbelsäule des zu Behandelnden auf und ab bewegen. Er stimuliert oder aktiviert viele Chakras, beginnend mit dem Basis-Chakra.
Da dieser Stein eine mächtige Energie besitzt, wirkt die Anregung durch ihn derart, daß Energie in der richtigen Ord-

nung strömt, wenn er vom Basis-Zentrum der Wirbelsäule nach oben bewegt wird. Er regt nicht nur das Basis-Chakra an, sondern übermittelt Energiemuster, die wiederum andere Chakras aktivieren. Verwendet ihn ein wissender Mensch, wird er fühlen, wann er am besten den Heliotrop benutzen und in welche Richtung er ihn bewegen sollte.

Heißt das, daß er nur von einem Eingeweihten, Meister oder Adepten verwandt werden sollte, wenn es darum geht, die Chakras anderer zu öffnen?

Als mächtiges Werkzeug wäre er in den Händen eines unwissenderen Menschen als es ein Meister ist wertlos. Jene, die in der Lage sind, die Fähigkeiten oder die geistige Reife des einzelnen zu unterscheiden, dürfen diesen Stein benutzen, um die Energie in der Wirbelsäule eines Menschen zu verstärken. Sie sind imstande, jene Energien langsam nach oben zu lenken, so wie die Quecksilbersäule in einem Thermometer nach oben steigt.

Der Heliotrop erweist sich als wirksam bei der Harmonisierung der Chakras, des Ätherkörpers und der höheren geistigen Körper, wenn er sich in den Händen eines Adepten befindet. Sobald diese Informationen veröffentlicht sind, werden jene auftauchen, die sich gerne einer Prüfung unterziehen, doch hier sollten Bescheidenheit und Einfachheit walten!

Jene, die die Entwicklungsstufe erreicht haben, auf der sie fähig sind, den Stein am wirksamsten anzuwenden, sind über die Phase hinaus, in der sie sich der Aspekte der Gier und der Freude darüber, Macht über andere Menschen auszuüben, bewußt sein sollten, und folglich braucht man sich vor Mißbrauch dieses Steines nicht zu fürchten. Es wird jedoch auch jene geben, die versuchen, aufzuzeigen und darzulegen, daß sie mit diesem Stein arbeiten können, und sie werden bestrebt sein, dem Patienten oder demjenigen, mit dem sie arbeiten, ihren Willen aufzuzwingen.

Heilkräfte

Der Heliotrop verfügt über Heilungseigenschaften, die eine ausgeglichene Arbeitsweise der Chakras bewirken, die zu einer harmonischen Lebensführung, zu einer innigeren Verbindung der einzelnen Körper des Menschen führen. Er bewirkt die spirituelle Verbindung vieler Bereiche, die erforderlich ist, damit eine vollkommene physische Heilung eintreten kann. Er beeinflußt nicht nur eine einzelne Krankheit als solche, sondern gleicht alle Disharmonien aus. Obgleich die Energiefelder Auflockerung erfahren, bewirkt er andererseits Energiezufuhr und eine Konzentration der Kräfte, so wie ein Magnet Eisenbestandteile an- und zusammenzieht.

Verwendet man den Heliotrop auf richtige Weise, sollte er ungefaßt in der Hand gehalten werden. Ein Mensch, der sehr bewußt handelt, der geduldig, ruhig und gedankenvoll ist, vermag ihn wie folgt zu benützen: Der Patient liegt auf dem Bauch auf dem Behandlungstisch. Der Behandler hält den Stein in der Hand und bewegt ihn kreisförmig und langsam über jeden Wirbelknochen, wobei er die Energie in der Wirbelsäule nach oben führt. Dieser Vorgang muß häufig wiederholt werden.

Die Form des Steines ist hierbei von Bedeutung. Er sollte ovalförmig und flach auf der Unterseite sein, während die Oberseite einen leichten Cabochonschliff zeigen sollte. Seine

Ränder sollten einundzwanzig Facetten aufweisen. Seine Maße zwei zu eins betragen, z.B. fünf Zentimeter lang und zweieinhalb Zentimeter breit oder zweieinhalb Zentimeter mal eineinviertel Zentimeter. Die Ausmaße sind wichtig. Die Facetten dienen dazu, die Symmetrie des Randes aufzubrechen, damit der Stein "allumfassendere" Qualitäten entwikkelt und vielerlei Problemzonen im Körper erreicht. Die Facetten sind wichtig und hilfreich, doch die Kraft des Steines ist nicht geringer, wenn sie nicht vorhanden sind; ein Stein mit Facetten ist für den einzelnen von größerem Wert und intensiviert die Wirksamkeit des Steines.

Energie

Die Energieschwingungen erfolgen sehr langsam. Jene Qualitäten sind nicht physischer Natur, und es ist schwierig, die Energieschwingungen zu beschreiben. Sie vollziehen sich jedoch mit einer Geschwindigkeit, die sich für die Verbindung der einzelnen Körper des "höheren Selbst" als wichtig erweist. Versuchen Sie nicht, etwas zu beurteilen, das Sie nicht sehen. Vorgenannte Vorgänge vollziehen sich auf einer Ebene, die für das menschliche Auge nicht sichtbar ist.

Der Heliotrop zeigt eine erhebliche Dichte, wodurch dem Meister oder Adepten vielfache Anwendungsmöglichkeiten offen stehen. In den kommenden Jahren wird er sich zu einem herausragenden Stein entwickeln. Obgleich er im materiellen Sinne nicht viel wert ist, wird er in der Welt der Zukunft einen wichtigen Platz einnehmen.

Obwohl der Heliotrop alltäglich erscheint, ist er dies doch nur in den Augen des Betrachters. Sie werden feststellen, daß viele der Dinge, die in der Vergangenheit als alltäglich angesehen wurden, in der Zukunft als wertvoll erachtet werden. Selbst die Luft, die für die meisten Menschen nichts Besonderes darstellt, wird sich in Zukunft als sehr wertvoll erweisen. Sie werden bemerken, daß Dinge, die Sie als wertlos erachten, mit der Zeit an Wert gewinnen.

Es ist weise, den Geldwert nicht über alles zu setzen. Viele Dinge auf der Erde tragen zum Erhalt des Lebens bei. Die Dinge, die sich für die Natur und den Menschen als sehr grundlegend herausstellen, sind seine größten Besitztümer.

Karneol

Der Karneol gehört zur Gruppe der durchscheinenden bis klaren Chalcedone, er ist im allgemeinen von roter bis orangefarbener Färbung, und man findet gelegentlich auch Brauntöne. Historiker glauben, daß er mit dem Sardius-Stein in der Bibel (Offenbarung XXI, 20) identisch ist und auch mit dem Stein auf dem Brustschild, der Odem oder Sard genannt wurde.

Worin bestehen die Qualitäten dieses Steines?

Spirituelle Eigenschaften

Der Stein zeigt eine Eigenschaft, die mit "Ungeduld" umschrieben werden darf. Dergleichen mag als negative Qualität oder Schwingung angesehen werden, doch das ist nicht zutreffend. Der Karneol ist ein wunderbarer Stein für Menschen, die gleichgültig und interesselos, zu oberflächlich, zu faul, usw. sind. Ihnen gereicht er zum Segen, da er eine Ungeduld in ihnen wachruft, eine Aktivität, die nicht unbedingt mit vermehrter Energie einhergeht, jedoch die Anregung ihrer Neugier bewirkt. Er bringt den Träger/die Trägerin der Aktivität näher, verwandelt ihn/sie in einen tätigen Menschen. Er vermittelt dem Anfänger die notwendigen Impulse.

Heilkräfte

Der Karneol trägt dazu bei, Lethargie zu beseitigen. Er eignet sich nicht für aktive Menschen, sondern nur für jene, die der Anregung, des Antriebes bedürfen.

Er zeigt sich besonders bei der Leber-Behandlung als nützlich, da er ihre Funktion anregt und auf diese Weise Giftstoffe schneller ausgeschieden werden. In diesem Zusammenhang verwendet man den Karneol als Massage-Stein. Man hält ihn in der Hand und massiert mit ihm den Leber-Bereich.

Energie

Der Karneol beinhaltet in sich selbst keine Energie; er bringt dem Menschen nur Erleichterung, indem er Energie auf ihn konzentriert. Doch der Mensch bedarf dann immer noch von außen kommender Energien. Dieser Stein regt das Interesse des Menschen an, veranlaßt ihn zur Ungeduld, dazu, etwas zu tun, aus sich herauszugehen. In dieser Beziehung darf er ohne weiteres als "Wegbereiter", als "Türöffner" bezeichnet werden, da er eine Wirkung auf das Kundalini-Zentrum ausübt. Nicht seine Kraft versetzt die Kundalini in Bewegung, sondern es entsteht eine Rastlosigkeit, eine Ruhelosigkeit im bedeutendsten Zentrum des Ätherkörpers, die das Interesse oder Aktivitäten anregt.
Es ist am besten, den Karneol über dem Kehl-Chakra oder dem dritten Auge zu tragen. Man benutzt ihn auch zur Meditation, vor allem, wenn man mit der Kundalini arbeiten möchte.(1)

---

(1) Versuche, die Kundalinikraft ohne ausgebildete, spirituelle Lehrer zu erwecken, können gefährlich und qualvoll sein.

Der Karneol erinnert den Menschen, daß er sich nicht mit dem zufrieden geben sollte, was er ist. Er sollte stets danach streben, sich höher zu entwickeln, sich zu informieren, energievoll und aktiv zu sein, mehr Forschergeist zu entwickeln. Er sollte nicht so träge sein wie ein Klumpen Ton, sondern er sollte jenem "geflügelten Wesen" gleichen, das sich über den Tod erhebt. Außerdem sollte er den Menschen daran erinnern, daß 'göttliche Unzufriedenheit' etwas Wesentliches darstellt. Der Mensch muß lernen, mit dieser Unzufriedenheit solcherart umzugehen, daß sie ihn weder zerstört noch zur gänzlichen Unzufriedenheit führt, sondern daß sie ihn dazu bringt, beständig zu forschen und zu suchen.

Chalcedon

Der Chalcedon ist ein "Wurzelstein", der eine Vielfalt von Steinen umfaßt, wie den Achat, Karneol, Onyx, das Tigerauge, den Sardonyx und Jaspis. Am häufigsten ist der graue Chalcedon vertreten, doch er vermag auch weiß, braun, schwarz oder blau zu sein.

Welches sind die hervorstechendsten Merkmale des Chalcedons?

Spirituelle Eigenschaften

Der Chalcedon wirkt sozusagen isolierend. Er besitzt die Kraft, negative Schwingungen fernzuhalten und positive Schwingungen zu bewahren. Er vermag den Menschen vor vielem zu behüten und sollte zum Schutz getragen werden. In früherer Zeit stellten die Hohenpriester Chalcedon-Kelche her, da der Kelch die Schwingung dessen erhält, was in ihm aufbewahrt wird. Innerhalb des Kelches befand sich eine Silberform und das darin aufbewahrte heilige Wasser behielt seine ursprüngliche Reinheit, da der Chalcedon Schwingungen konserviert, so wie Blei Röntgenstrahlen oder Atomenergie aufnimmt und abweist. Die Silberform nahm die Schwingung auf und der Chalcedon erhielt die Energie im Kelch.

Ein auf diese Art gefertigter Kelch wäre ausgezeichnet, um "heiliges" oder "gesegnetes Wasser" darin aufzubewahren. In einem solchen Gefäß besäße es höhere Wirkung als Wasser, das sich in einem Glas befindet, da die Energie in jenem Gefäß nicht verlorenginge.

Es gibt keinen anderen Stein mit ähnlichen Eigenschaften, den man auf diese Weise verwenden könnte. Sollte jemand einen solchen Kelch fertigen, dann wäre es empfehlenswert, einen Amethyst in den Stiel des Kelches einzusetzen, da der Amethyst die Kraft besitzt, Energie in den Kelch zu leiten. Dazu empfiehlt es sich, den Stiel des Kelches auszuhöhlen und den Amethyst in die Höhlung einzufügen.

Heilkräfte

Der Chalcedon besteht aus einem Material, das über eine Wunde gehalten werden kann und von außen eindringende negative Energien zurückhält. Über einer Wunde oder wunden Stelle wirkt er wie ein antiseptischer Schutz. Der Stein erneuert sich selbst, d.h. man muß ihn nicht reinigen, da er Selbstreinigungskräfte besitzt.

Hinsichtlich der inneren Einnahme so mancher Steine – nachdem sie zu Pulver zermahlen worden sind – und ihrer Wirkung gab es im Laufe der Zeitalter vielerlei Aberglauben, der der

Einbildung des Menschen entsprang. Der Chalcedon sollte innerlich nicht angewandt werden, doch kann er als Ring oder Medaillon getragen werden; auf diese Art drängt er sich nicht in der Vordergrund. Das Pulver kann auch in einem Beutel um den Hals aufbewahrt werden (sogar auf der Kleidung). Er sollte niemals innerlich eingenommen, stets nur äußerlich verwandt werden.

Der Chalcedon verfügt über absorbierende und isolierende Eigenschaften. Er nimmt nur das auf, was unmittelbar auf ihn einströmt und vermag alles abzuweisen, das von außen auf ihn eindringt und zur entsprechenden Zeit nicht benötigt wird. Er nimmt Schwingungen auf, die er jedoch nicht weiterleitet oder abgibt. Zum Beispiel weist er Energiekräfte ab, die ihn treffen oder nimmt sie auf, doch nicht, um sie wieder abzugeben. Der Chalcedon sendet keine Schwingungen aus.

Wie weiß der Stein, welche Energiemuster er aufnehmen und welche er zurückweisen muß?

An dieser Stelle ist der Mensch, der als Kanal dient und mit den Steinen arbeitet, von großer Bedeutung, denn nur durch die Schwingung des besagten Kanals erfährt der Stein Energetisierung, um die benötigten oder erforderlichen Kräfte aufzunehmen. Alle Energien geringeren Grades werden zurückgewiesen. Erfährt das Energiefeld kontinuierliche Anhebung der Schwingung, so kommen niedere Einflüsse nicht in Betracht, und nur die höchste Schwingung wird zugelassen.

Der Chalcedon vermag über jedem Chakra oder allen Drüsen als Schutz angewandt zu werden, falls es negative Kräfte geben sollte, die jenen Körperbereich beeinträchtigen oder falls es erforderlich sein sollte, ein bestimmtes Chakra zu schützen, damit andere sich entwickeln können. Er kann auch als Schutz verwandt werden, um zu verhindern, daß ein bestimmtes Chakra sich öffnet. Er vermag ein Chakra nicht zu schließen, doch er kann unpassende Energien von ihm fernhalten. Zum Beispiel wäre es für einen emotionalen Menschen angebracht, einen Gürtelverschluß mit einem Chalcedon-Stein zu tragen (der den Solarplexus bedeckt). Der Chalcedon ist ebenso wirksam, wenn er von einer langen Halskette bis zum Solarplexusbereich herabhängt. Trägt man ihn in diesem Stil als Medaillon, sollte er eine flache, abgeplattete Oberfläche haben.

Es gibt im Leben eines jeden Menschen Zeiten, in denen er sich gegen die Außenwelt abschirmen muß, selbst wenn dergleichen als gefühllos erscheinen mag. Es sind jene Zeiten, in denen er sich vor der Schwäche seiner Mitmenschen schützen muß, vor ihren Sorgen und Problemen, die er um sich herum fühlt und erblickt. Dies bedeutet nicht, daß er hinfort für diese Dinge blind ist, er ist nur veranlaßt, nach innen zu blikken, um sich der Segnungen bewußt zu werden, die ihm bereits zuteil wurden.

Der Chalcedon schützt vor den unangenehmen Seiten des Lebens, die immer gegenwärtig sind. Die Menschen um Sie herum befinden sich in bestimmten Schwierigkeiten (häufig karmischer Art), und nur durch eigenes Wachstum vermögen sie jene Situationen zu überwinden und nicht dadurch, indem man ihnen viel Mitleid entgegenbringt.

Chrysopras

Der Chrysopras umfaßt eine Vielfalt durchsichtiger grüner Chalcedone. Gleicht er in seinem Wesen den anderen Chalcedon-Steinen?

Ja, jedoch verfügt der Chrysopras über größere spirituelle Eigenschaften, die die höheren Körper beeinflussen, die zwei obersten Chakras, vor allem das Scheitel-Chakra. Dieser Stein vermag auf gleiche Weise wie der Chalcedon benutzt zu werden; allerdings wirkt er nur auf die höheren Körper des Menschen.

Lesen Sie die Information über den Chalcedon und übertragen Sie diese Prinzipien auf das Scheitel-Chakra und auf die höheren Körper des "Selbst", damit Sie imstande sind, zu erfassen, wie der Chrysopras benutzt werden sollte. Trägt man ihn als Schmuck, so braucht er nicht den Körper zu berühren, er kann auch auf dem Schmink- oder Ankleidetisch liegen oder auf andere Weise benutzt werden. Er muß nicht unbedingt als Schmuck verwendet werden, da seine Wirkung auf den Körper nicht von der Berührung abhängt.

Chrysoberyll

Der Chrysoberyll hat im allgemeinen eine gelbe Farbe, die sich mitunter bis ins Grün erstreckt. Die bekanntesten Arten sind das "Tigerauge" und der wertvollere Alexandrit, der smaragdgrün im Tageslicht leuchtet und dunkelrot bei künstlichem Licht.

Welche Aspekte weist dieser Stein auf?

Spirituelle Eigenschaften

Güte und Mildtätigkeit sind zwei der auffallendsten Eigenschaften, benutzt man den Chrysoberyll. Er beeinflußt ebenfalls das Herz-Chakra und bewegt den Menschen zu größerer Güte gegenüber seinen Mitmenschen und auch zu größerer Nachsicht mit sich selbst. Er erweckt in der Seele ein Verlangen nach Großzügigkeit, nach mehr Liebe, Geben und Vergebung. Er fördert eine nachsichtige Haltung und läßt den Menschen das Gute in den ihn umgebenden Dingen erkennen.

Der Chrysoberyll besitzt die einzigartige Fähigkeit, Probleme zu beseitigen; Probleme zwischen den Nachbarn und der eigenen Familie sowie der eigenen Person auszugleichen. Er veranlaßt seinen Träger/seine Trägerin, auch die andere Seite zu sehen. Der Stein beeinflußt die Mentalebene ohne übermäßig stark zu wirken. Er ist hilfreich, cs läßt sich gut mit ihm arbeiten, er ist von unterstützender Natur. Diese Kräfte wirken auf sehr feiner Ebene und mögen vom Träger des Steines sogar geleugnet werden. Jene jedoch, die ein feineres Wahrnehmungsvermögen besitzen, wissen, daß er seine Wirkung tut. Der Chrysoberyll wirkt vor allem auf der mentalen Bewußtseinsebene, er ist ein Stein für spirituelle Bereiche.

Heilkräfte

Der Chrysoberyll erweist sich auf der Emotional- (Astral-) und Mentalebene als heilsam, da er dem Geist und der Seele des Menschen, der mit ihm arbeitet, Frieden bringt. Er beeinflußt keine körperlichen Beschwerden, er verleiht seinem Träger/seiner Trägerin lediglich ein gütiges Herz. Von besonderer Bedeutung ist hier die Tatsache, daß man sich dessen bewußt ist, daß er den Mentalkörper und die anderen höheren Körper heilt, was den Grundstein für eine dauerhafte physische Heilung legt. ALLES, WAS SICH AUF PHYSISCHER EBENE MANIFESTIERT, SEI ES KRANKHEIT ODER HEILUNG, IST NUR DIE MANIFESTATION DESSEN, WAS AUF HÖHEREN EBENEN GESCHIEHT.

Energie

Die Energiequalitäten des Chrysoberylls sind subtiler Natur. Er besitzt weder die machtvollen noch die negativ auszehrenden Energien anderer Steine; allerdings weist er eine beständig aktive Schwingung auf. Die Energie des Steines wirkt verstärkt, hält man ihn in der Nähe des Körpers. Er verströmt eine sanfte Schwingung, die den Träger/die Trägerin, der/die mit ihm arbeiten, verfeinert und veredelt. Er verfügt über "hefeähnliche" Qualitäten in seinem Energiefeld, das sich ausdehnt, anstatt einfach nur seine Wirkung zu tun und beeinflußt zu werden. Es haftet ihm ebenfalls eine strahlende Schönheit an, die unaufdringlich ist oder an Satin erinnert, sie ist nicht glänzend oder blendend.

Die Energie des Chrysoberylls regt die Nebennierendrüsen an, indem sie sanft die Funktion der Drüsen steigert. Sie beeinflußt nicht sehr stark und erweist sich deswegen für die Nebennierendrüsen nicht als schädlich. Am besten wäre es, den Chrysoberyll am Nabel oder auf dem Solarplexus zu tragen, wobei drei oder vier Minuten ausreichen würden.

Verwenden Sie den Chrysoberyll nach Erfordernis, wissend, daß er seine Wirkung nicht verfehlen wird. Nach seiner Benutzung erschöpft sich seine Energie. Er ist nur nützlich, solange er in Kontakt mit dem Körper steht oder getragen wird, da die Interaktion zwischen Körper und Stein zur Energiefreisetzung führt. Legt man ihn beiseite, ist er kalt und stumm.

Kristallquarz

Der Gruppenbegriff "Quarz" umfaßt eine ganze Anzahl von Steinen, wie den Amethyst, Zitrin, Rauchquarz, Aventurin und andere. Ist er rein, fehlt ihm jegliche Farbe, und er ist wasserklar. Solche Steine werden auch als "Felskristall" bezeichnet. Er schmückt Häuser und Wohnungen in der ganzen Welt durch seine kunstvollen Kristallobjekte; sehr häufig werden auch "Kristallkugeln" zur Dekoration verwandt. Der Quarzkristall verfügt über die bemerkenswerte Eigenschaft, die Polarisationsebene eines Lichtstrahles, der parallel zur optischen Achse übertragen wird, zu drehen. Durch diese Eigenschaft entsteht die Prismawirkung des Steines, an der wir uns schon lange erfreuen.

Wie würden Sie die vielen Facetten dieses Steines definieren?

Die Qualität der Kristallstruktur (trigon) ist für die Menschheit und das Universum außerordentlich wichtig. Sie werden feststellen, daß diese Form häufig in der Natur vorkommt. Aus dieser Struktur entstehen alle anderen und trotzdem ist sie die Basisstruktur, die vollkommen in sich selbst ist. Die Kristallstruktur als solche ist klar und deutlich, von Reinheit und Tiefe. Es handelt sich um eine Struktur, die die Menschheit vieles lehrt. Indem wir uns mit ihr befassen und über sie meditieren, erkennt der Mensch sein eigenes Sein. Blickt er in den Kristall hinein, erkennt er die Reflexion vieler Farben, die Reflexionen vieler Menschen, die Reflexionen seiner eigenen Gedanken. Der Mensch erkennt auch seine eigene Zerbrechlichkeit, Sprödigkeit, denn so wie der Kristall, den bestimmte Energien treffen, in viele Stücke zerbricht, die die gleichen Merkmale besitzen wie der ursprüngliche Kristall, so bemerkt der Mensch, dessen Sein erschüttert wird, daß Fragmente seines Selbst abfallen, die von der gleichen kristallinen Kraft sind wie er selbst.

Die einzelnen Bereiche im Menschen wechseln beständig, so wie die Farben des Kristalles. Folglich sind sie schwer zu erfassen, muß es schwierig sei, ihrer Herr zu werden, da der Mensch sie nur kurz erblickt und sie sich blitzartig wieder entziehen, so wie das auch für die prismatische Wirkung des Kristalls gilt. Es wäre gut, würde der Mensch in sich hineinschauen, um diese wechselnden Haltungen zu erfassen und gleichzeitig zu erkennen, daß sie nur Blitze dessen sind, was sein kann und Teile dessen, was sein wird.

Spirituelle Eigenschaften

Klarheit ist die vorrangige Qualität dieses Steines. Er ist im entsprechenden Augenblick Teil des Auges des Betrachters und wirkt insbesondere auf das dritte Auge. Der Mensch sollte um sich blicken, auf die Welt, die nördliche und südliche Halbkugel, das Universum. Er sollte auch die geringeren Lebensformen um sich beachten, er sollte in seine Gedanken und sein eigenes Sein hineinblicken, denn daraus ergibt sich ein blasses Bild dessen, was IST.

Der Mensch wäre überfordert, das Gesamtbild zu erfassen, es sei denn, es erschiene ihm als “Nichtigkeit”, als “Lappalie”. Er sollte die Einheit allen Seins erkennen und dadurch fähig werden, sein tägliches Leben zu bewältigen, wissend, daß er bei der Meisterung eines Bereiches sein gesamtes Sein entwikkelt bzw. erhöht. Ist er fähig, in bescheidenem Maße zum Wohl seiner Stadt oder seines Ortes beizutragen, tut er dies für alle Orte und Städte. Dieses Wissen sollte er annehmen und damit arbeiten, denn alles Erreichte ist nie verloren, und es nimmt an Umfang zu, wenn man es vermehrt. (1)

Heilkräfte

Die Heilungseigenschaften des Kristalles bewirken hauptsächlich die Erweiterung und Ausdehnung der Energien des Menschen, der mit dem Stein arbeitet. Er verstärkt die Fähigkeiten seines Benutzers, wobei er sich dabei auf jeden einzelnen Menschen einstellt; er vermag bei jeder Krankheit angewandt zu werden, da er lediglich die Energien jenes Menschen verstärkt, der mit ihm arbeitet.

Hält der Patient einen Kristall in beiden Händen, so verstärkt dies die Heilkräfte, die durch ihn fließen. Am günstigsten wäre es, einen pyramidenförmigen Kristall zu verwenden, wobei das spitze Ende gegen die Handfläche gehalten wird und die flache Seite nach außen deutet.

Energie

Die Energie der Kristalle ist unterschiedlicher Natur und hängt sowohl von ihrer Größe als auch von ihrer Form ab. Sie vermag verändert zu werden, was eine Kunst für sich darstellt. Der Kristall ist imstande, Energien unmittelbar aus dem Universum aufzunehmen, unabhängig davon, ob gerade jemand mit ihm arbeitet oder nicht, wobei jene Energie Ver-

1) Die Lehrer geben philosophische Lebenshilfen im gesamten Buch. Falls Sie vorgenannte Ausführungen in Ihr Bewußtsein aufnehmen können, akzeptieren Sie sie und wenden Sie sie an; so erfüllt dieses Buch in großem Umfang seinen Sinn.

änderung durch die menschliche Aura oder Berührung erfährt.

Wird der Kristall aus diesem Grund so häufig als Kristallkugel benutzt?

Die Energie ist bedeutsam. Sie führt den Menschen vor allem dazu, von einem Punkt der Unendlichkeit alle Dinge klar zu erkennen, da sein eigener Geist oft das projiziert, was er in der Kugel erkennt. Der Kristall selbst bewirkt gar nichts, es liegt allein am Menschen, der "eins" mit allen Dingen zu werden vermag. Der Kristall wirkt über das dritte Auge im Ätherkörper des Menschen.

Der Kristall kann sowohl von Laien als auch von Fachleuten verwandt werden. Man nimmt ihn nicht einfach, um ihn sofort zu benutzen, sofort mit ihm zu arbeiten, und er bedeutet für jeden persönlich etwas anderes, was auch vom Bedarf abhängig sein kann. Wenn man das weiß, kann man mit ihm auf vielerlei Art experimentieren. Finden Sie heraus, worin Ihre besondere Gabe liegt und setzen Sie sich deren Verwirklichung als Ihr höchstes Ziel. Es sei gesagt, daß der Kristall in vielfältiger Weise vielerlei Zwecken dient, und es hängt vom Menschen ab, diese zu definieren. Wir sollten uns auch dessen bewußt sein, daß eine bestimmte Größe, die sich zu einem bestimmten Zeitpunkt als geeignet erwies, zu einem späteren Zeitpunkt möglicherweise wirkungslos sein kann.

Benutzt man den Kristall in seiner natürlichen Form, eignet er sich gut zur Meditation. Der Bergkristall hat einen Bezug zum Herz-Chakra, doch vor allem zum dritten Auge des Ätherkörpers. Jene, die in der Lage sind, sich darauf einzustimmen, arbeiten besser mit ihm; ihr Geist funktioniert klarer, wenn sie sich entsprechend konzentrieren. In diesem Zusammenhang befreit der Bergkristall den Geist oder das dritte Auge von der Konzentration auf eine Form, einen Gedanken, eine Farbe oder einen Bereich. Er *ist* vollkommene Leere und doch reflektiert er deutlich und vergrößert alles. Solches geschieht, da der Stein "Ganzheit" ist. Der Kristall beeinflußt ebenfalls das Scheitel-Chakra. Er ist hier sehr wirksam, und es sollte Vorsicht angewandt werden, arbeitet man in diesem Bereich. Vom Kristall gehen mächtige Energieschwingungen aus, und sie könnten zerstörerisch wirken, wenn man seinen Willen nicht unter Kontrolle hat. Haben die Kräfte des Steines das Chakra geöffnet, sollte es für Geschehenes bereit sein und keine Blockade bilden. Kommt es im Scheitel-Chakra zu einer Blockade, trifft diese auf den Widerstand des Kristalls, was zu einer qualvollen Erfahrung führt.

Der Kristall ist kein Stein, den man im Alltag trägt. Falls Sie ihn zu Heilzwecken benutzen, befestigen Sie ihn an Ihrer Hand und richten Sie Ihre Handfläche nach unten.

Der Mensch wird entdecken, daß der Bergkristall in engem Bezug zu seinem eigenen Leben steht. Er ist zwar nicht so vollkommen wie der Diamant und auch nicht so kostbar (wenigstens in seinen Augen), doch er vermag zu ihm eine enge Verbindung herzustellen, da er von großem Wert und segensreich in seinem Wirken ist, nicht nur auf Verstand und Körper, sondern auch auf Geist und Seele. Er wird feststellen, daß der Stein in ihm die Erinnerung wachruft, daß auch er Teil aller Kristalle ist, die auf gleiche Weise in ähnlicher Struktur vorhanden sind, obgleich sie in vielen Größen existieren und viele Farben reflektieren. Da der Kristall nicht den gleichen

Härtegrad wie der Diamant aufweist, steht er in vergleichbarer Beziehung zum Menschen, obgleich der Mensch der Zukunft jene Charakterstärke entwickeln wird, die der Diamant symbolisiert. Auf der gegenwärtigen Evolutionsstufe steht er eher in Bezug zur Kraft der Bergkristalle, was er schätzen sollte, da sich anderenfalls sein Denken trüben würde, und er in seinen Ansichten zur Einseitigkeit neigen könnte. Der Bergkristall veranlaßt ihn, sich zu öffnen und führt ihn zu größerer Klarheit, nach beidem sollte er in Zukunft streben.

Der Kristall verfügt über große Kraft und machtvolle Schwingungen, und seine Energiemuster ähneln denen des Menschen. Der Mensch trägt die Energie des Universums in sich und tut gut daran, sie zu wertvollen Zwecken einzusetzen, anstatt auf zerstörerische Weise, wie es vorwiegend in der Vergangenheit geschah.

Diamant

Der Diamant ist der härteste aller Edelsteine, und doch ist er aus reiner Kohle entstanden, die am entgegengesetzten Ende der "Härteskala" steht. Seit langer Zeit verbindet man ihn symbolisch mit der Zeremonie der Eheschließung, sei es durch Zufall oder mit Absicht.

Ist dieser Stein vom geistigen Aspekt genauso wichtig wie auf materieller Ebene?

Ja. Er verfügt über Aspekte, die das gesamte Energiespektrum abdecken und es gibt wenig oder nichts, das durch ihn keine Hilfe erfahren würde.

Spirituelle Eigenschaften

Der Träger/die Trägerin eines Diamanten erfährt etwas von der Unendlichkeit. Die nie endende Suche der Seele wird durch den Diamanten verstärkt. Es kommt zu einem Ausgleich der inneren Qualitäten. Es gibt noch einen weiteren Aspekt, den der Stein symbolisiert: eine totale Offenheit des Seins, die für den Träger/die Trägerin wichtig ist. Geistige Höhen können erreicht werden, wenn der Mensch sich über den Diamanten in Kontemplation versenkt und sich dabei seines materiellen Wertes nicht bewußt ist oder sich dadurch ablenken läßt. Jene, die tief in den Diamanten hineinzublicken vermögen und ihn wegen seiner Schönheit, seiner Klarheit, Tiefe und herrlichen Qualitäten schätzen, werden durch ihn die größten Segnungen erfahren.

Heilkräfte

Der Diamant verfügt über keine spezifischen Heilkräfte. Man verwendet ihn am besten in Verbindung mit anderen Steinen. Er verstärkt und durchdringt, doch nicht aus sich heraus. Er verstärkt die Wirkung anderer Steine und erweist sich vor allem als nützlich, wenn er zusammen mit dem Smaragd und dem Amethyst zur Anwendung gelangt.

Energie

Die Energie des Diamanten vergrößert die physische Kraft jenes Menschen, der einen Diamantring, eine Brosche oder Diamantkette trägt.

Er wirkt verstärkend. Er ist ein Beispiel der Vollkommenheit. Der Diamant ist für die Seele das, was das Brot für den Körper ist.

Der Diamant trägt auch dazu bei, die beiden obersten Chakras zu öffnen (das Brauen- und Scheitel-Chakra). Er kann auf einem von beiden oder auf beiden getragen werden. Er dient dazu, die Seele auf die höheren Kräfte einzustimmen und wirkt in keiner Weise schädigend. Er kann überall auf dem Körper getragen werden und stellt für seinen Träger/ seine Trägerin eine wertvolle Hilfe dar.

Gibt es weitere Vorteile bei der Anwendung des Diamanten?

Ja, doch dergleichen ist schwierig durchzuführen. Der Diamant kann auch dazu verwandt werden, den Augeninnendruck, der das Glaukom verursacht, zu senken. Dazu bedarf es des blauen Lichtes, das aus dem Inneren des Diamanten strahlt und das man auf das Auge überträgt, eine Technik, die erst in der Zukunft Vervollkommnung finden wird. Das Glaukom ist das Ergebnis eines Mangels im Körpersystem; es fehlt ein Kohlebestandteil im Körper. Dergleichen würde als chemisches Ungleichgewicht gewertet werden, gäbe es ein genaues Prüfungsverfahren. Diesen Sachverhalt wird man erst in Zukunft mit Hilfe eines Auragraphen oder Aurameters untersuchen können, der ein Ungleichgewicht im Körper aufzeigt, noch bevor es sich im Blut feststellen läßt.

Zweifeln Sie nicht daran, daß es diese Dinge geben wird. In den nächsten fünf Jahren wird es größere Entdeckungen geben als wir uns sie an dieser Stelle vorstellen können. Der Mensch lebt in einer der größten Zeiten der Geschichte, die gleichzeitig eine der schwierigsten ist, da es sich um eine Zeit handelt, in der vieles zerstört werden kann. Der Mensch sollte hinsichtlich seines eigenen Seins größte Vorsicht walten lassen, und sobald er die Schwingung in einem bestimmten Bereich auch nur geringfügig zu erhöhen vermag, sollte er dergleichen tun. Indem er solches vollzieht, hilft er allem, das IST!

Falls wir imstande wären, die Aura zu sehen, wäre dann die fehlende Farbe jene, die der Aura hinzugefügt werden müßte?

Ja, und dies wäre das Gebiet, das geheilt werden müßte, noch bevor der Mensch seine Krankheiten zu lokalisieren vermag, die zu gegebener Zeit in großer Intensität auf ihn einstürmen. Im Falle des Glaukoms nimmt man ein flackerndes, weißes Licht in der Aura wahr. Dem Körper würde der Bedarf eines bestimmten Elementes in der Ernährung bewußt werden, das unterstützend verabreicht werden könnte, noch bevor jener Mangel als Augenschwäche zum Ausdruck käme.

Im Laufe der kommenden Jahre wird man in der Aura viele Merkmale und Anhaltspunkte in bezug auf Unvollkommenheit wahrnehmen. Der Mensch wird ein Verständnis entwikkeln, das ihn befähigt, seine Ernährung entsprechend zu ergänzen oder Mangelerscheinungen zu beheben. Zum Beispiel mag ein Defizit an Mineralstoffen oder Vitaminen vorliegen, es könnte auch sein, daß mehr Protein und weniger Blattgemüse aufgenommen werden sollte. Die Ursachen können vielfältig sein, und dergleichen wird in der Zukunft über die Aura des Menschen erkannt werden. Bemerkt man Unvollkommenheiten in der Aura, existieren sie auch in den feineren Körpern, sind jedoch noch nicht Bestandteil des physischen Körpers. Doch der Mensch bedarf der Zeit, solches zu verstehen und damit zu arbeiten.

Als einen wichtigen Bestandteil bei der Entwicklung des Aurameters wird man Silizium verwenden, das die einzelnen

Merkmale registriert und lesbar macht. Das gesamte Aufzeichnungsgerät müßte entworfen und der Entwurf über den richtigen Kanal weitervermittelt werden. Es gibt jene, die die Entwürfe bereits in ihrem Geiste tragen, und es dauert nicht mehr lange, bis sie sich manifestieren. Seid euch dessen bewußt, daß vieles auf dem Gebiet der Kirlian-Photographie für die Menschheit zusätzliche Information bedeutet, und es gibt jetzt Menschen, die die unterschiedlichen vom Körper ausströmenden Energien messen. Es handelt sich hier nicht um Zufälle, sondern um Dinge, die von uns, die wir der Menschheit Erleuchtung bringen, im voraus festgelegt wurden. (1)

Einfache Entwürfe für diese Vorhaben entstehen bereits im Geist des Menschen. Es ist erforderlich, daß er in sich weitersucht und die Antworten findet. Da er seine Krankheiten selbst verursacht hat, muß er auch zu seiner eigenen Errettung beitragen. Eines Tages wird er imstande sein, Krankheiten zu heilen, noch bevor sie sich in seinem physischen Körper manifestieren.

Obgleich der Diamant im allgemeinen von klarer Farbe ist, erscheint er doch in vielen Farben und Schattierungen. Obgleich alle Diamanten ein ähnliches Wesen besitzen, werden Sie bemerken, daß der Diamant die edelste Qualität im Farbspektrum zeigt. Handelt es sich z.B. um einen gelben Diamanten, verkörpert er das edelste Gelb, das sogar das des Goldtopas noch überschreitet. Es steht über allen anderen Gelbtönen und -schattierungen.

---

(1) Die Kirlian-Photographie, wie sie gegenwärtig angewandt wird, hat bei den Wissenschaftlern bis jetzt keinerlei Anerkennung gefunden. Mit zunehmender Entwicklung wirksamer Methoden und Techniken wird die Verbindung der einzelnen Körper des Menschen offensichtlich werden.

Der Mensch sollte sich im Geiste mit dem Diamanten vergleichen, indem er beständig jene farbigen Facetten sucht, die in ihm sind, in seinem Geist, Intellekt und seiner Seele, und wenn er diese mit Klarheit erkennt (so wie er die Klarheit der Farbe im Diamanten erkennt), dann darf er sich als vollkommenen Sohn Gottes, des Vaters, betrachten.

Es ist erforderlich, daß jede Seite seines Lebens poliert und gestaltet wird, so daß die dort vorhandene Schönheit reflektiert werden kann und nicht solcherart ist, daß sie anderen Wesen noch Energien entzieht oder diese vermindert. Hierin liegt die wahre Natur des Menschen: in seinen Geist- und Seelenqualitäten "diamanten-ähnlich" zu werden.
Er muß sein Denken vom Kristall auf den Diamanten übertragen, und indem er solches tut, wird er zu einem nach dem Bildnis Gottes geschaffenen Menschen, nach dem er viele Zeitalter hindurch gestrebt hat. Er wird entdecken, daß dies der Vollkommenheit entspricht, die in seinem Geist lebt und in den 'Augen des Universum'. Glauben Sie nicht, daß dergleichen unerreichbar ist. Der Diamant entstand auch nicht in wenigen Jahren, sondern er benötigte viele Zeitalter zu seiner Entstehung, und so entwickelt sich auch der Mensch zu jenem vollkommenen Wesen, nach dem er strebt.

Smaragd

Der wertvollste Stein aus der Beryll-Familie ist der Smaragd, dessen tiefgrüne Farbe von den Königshäusern und Nichtadligen gleichermaßen geschätzt wurde. Er ist einer der wenigen Edelsteine, die trotz Flecken in den Augen der Edelsteinliebhaber ihren Wert behalten.

Besitzt der Smaragd einen ebensolchen spirituellen wie materiellen Wert?

Sogar einen größeren. Viele Qualitäten lassen diesen Stein bemerkenswert erscheinen, und sein zukünftiges Potential ist unbegrenzt.

Der Smaragd ist "klares Bewußtsein". Er gleicht in seiner Schwingung der des menschlichen Geistes, die ihn dazu veranlaßt, Weisheit und Liebe zu schenken. Er verfügt über jenen Aspekt, der das Denken des Menschen zu neuen Tiefen führt und ihn zum Geben bewegt.

Spirituelle Eigenschaften

Der bedeutendste geistige Aspekt des Smaragdes besteht darin, daß er von der Mentalebene Weisheit verströmt. Obgleich Weisheit nicht in technischem Sinne als Gabe weitergegeben werden kann, wird sie einem Menschen als Wahrheit geschenkt, der dann alle Dinge mit größerer Weisheit wahrnimmt. Dieser Stein bewirkt eine Ausweitung der Weisheit auf der Mentalebene.

Eine weitere geistige Eigenschaft liegt in der Schwingung der Liebe, und diese Schwingung ist eine der bedeutendsten Qualitäten des Steines. Es handelt sich nicht nur um die Liebe in ihm, sondern um jene Liebe, die durch ihn projiziert wird.

Heilkräfte

Wurde das Herz durch ein mentales, psychisches oder geistiges Problem angegriffen, erfährt es durch den Smaragd Stärkung und gewinnt die verbindende Qualität, die alles zu einer Einheit verschmilzt. (Diese Qualität ist als Liebe bekannt und stellt gleichzeitig eine bestimmte Schwingung dar.) Der Smaragd beeinflußt ebenfalls das Rückgrat des Menschen, der ihn trägt. Alle, die eine Neigung zu Rückenschmerzen verspüren, werden auf physischer Ebene Stärkung erhalten. Eine Möglichkeit besteht darin, ihn am Zeigefinger der linken Hand zu tragen. Reiben Sie ihn an ihrer rechten Hand und legen sie diese dann auf den Rücken. Der Stein entzieht der rechten Hand etwas von ihren Eigenschaften. Soll der Stein auf diese Weise benutzt werden, muß er frei von allen Verzierungen sein, darf er sich nicht in der Fassung eines Ringes befinden, und trotzdem sollte er am Zeigefinger der linken Hand getragen werden, falls man beabsichtigt, ihn als Ring zu tragen.

Bringt man den Ring in direkte Berührung mit der rechten Hand, entsteht eine Kraft, die zur Heilung von Rückenschmerzen genutzt werden kann. Sobald eine Reibung entsteht, wird man in der rechten Hand ein Glühen oder eine Wärme verspüren und kann die Hand demjenigen auf den Rücken legen, der über Rückenbeschwerden klagt; man legt die Hand genau auf die schmerzende Stelle, wo sie nicht bewegt wird, sondern ruhig liegenbleibt. Dergleichen kann so oft wiederholt werden wie erforderlich und regt die Funktion der aus den Wirbelknochen austretenden Nerven an.

Der Smaragd lindert ebenfalls diabetische Beschwerden. Er erhöht die Schwingungsrate des Körpers so weit, daß dieser imstande ist, der Krankheit selbst Herr zu werden. Der Körper heilt sich selbst und nicht der Stein, doch der Smaragd wirkt auf die Funktionen ein, die zur Heilung führen. Hierfür benötigt man einen großen Stein, den man über den Solarplexus hält. Bei diesem Verfahren erfolgt gleichzeitig die Reinigung des Gallenganges. Bei dieser Methode nimmt man den

Stein zwischen zwei Finger und läßt das Sonnenlicht durch ihn zum Behandelten strömen. Hiermit verhält es sich ähnlich wie bei gelber Jade, die auf den Handrücken gelegt wird, wobei die Handfläche über den Solarplexus gehalten wird.

Der Smaragd beeinflußt auch die Nebennieren. Ihre Funktion wird durch diesen Stein angeregt, vor allem, wenn dieser auf das Rückgrat aufgelegt wird.

Falls man den Stein zu Heilungszwecken verwendet, ist es dann empfehlenswert, ihn am Rücken des Patienten hinauf und hinunter zu bewegen?

Hält man den Stein in der Hand über jene Stelle des Rükkens, die behandelt werden soll, wird man feststellen, daß eine erhöhte Wirkung eintritt. Der Patient liegt auf dem Bauch, und Sie halten den Stein in ihrer linken Hand über den Rücken oder die Wirbelsäule, während Sie die rechte Hand, deren Handfläche nach unten zeigt, zur Behandlung einsetzen. Ein Ring sollte etwa fünf Zentimeter vom Körper entfernt bleiben, und weitere fünf bis acht Zentimeter sollten sich zwischen dem Stein und der Heilungshand befinden. Mit dieser Technik lassen sich kleinere Behandlungen der Wirbelsäule durchführen. Sie bringt die Wirbelsäule wieder in eine feste, gerade Linie. Mit dieser Methode läßt sich keine sehr verformte oder verkrümmte Wirbelsäule korrigieren, doch sie stärkt die Wirbelsäule, da sie auf die Knochensubstanz wirkt. Ein stimulierender Impuls wird hierdurch auch auf die sich in den Wirbelknochen der Wirbelsäule befindlichen Nerven ausgeübt. Im Bereich der Wirbelsäule laufen wichtige Prozesse ab, und obgleich er subtil erscheint, ist er doch von großer Bedeutung.

Energie

Der Smaragd stärkt die einzelnen Energien, von denen die Rede war, in seinem Träger/seiner Trägerin; er führt zu größerer Harmonie mit diesen Qualitäten. Außerdem überträgt er seine Energien nicht nur auf den Träger sondern auch auf Begleitpersonen. Er wirkt gleichsam wie eine Brücke zwischen den Menschen, eine Brücke zwischen Gedanken, als ein Bindeglied zwischen Kräften und Bemühungen. Er verfügt über die Eigenschaft, unterschiedliche Aspekte miteinander zu vereinen und zwar auf solche Weise, daß sie für die Welt einen größeren Nutzen darstellen. Einige dieser Aspekte könnte man als Lebenskraft beschreiben, als Charakter- und Geistesstärke.

Obgleich der Smaragd die Drüsen beeinflußt, besitzt er einen großen Einfluß auf die Chakras. Er bewirkt, daß jedes Chakra seine Aufgabe, sein Wesen, verspürt; in dieser Hinsicht zeigt er die ausgeprägteste Wirkung im Solarplexus-Bereich.

Es sollte erwähnt werden, daß der Mond bei der Anwendung des Steines von überaus großer Bedeutung ist. Bei Vollmond entfaltet der Smaragd seine ausgeprägteste Wirkungskraft. Zwischen ihm und dem Mond besteht eine bestimmte Anziehung, und folglich ist seine Wirkung bei Vollmond tiefgreifender. Konzentrieren Sie sich darauf und arbeiten Sie damit! Die Woche vor dem Vollmond und die Woche danach eignet sich am besten zur Arbeit, wobei die Energie bei Vollmond ihre größte Wirkungskraft erreicht.

Der Smaragd wirkt zudem auf die Tiefen des Herz-Zentrums, nicht so sehr auf das Blut im Herzen, vielmehr auf den Herzmuskel. Er wirkt so tiefgreifend auf das Herz wie der Mond auf Ebbe und Flut. Dieser Stein strahlt eine bestimmte Kraft aus, die das Innerste des Menschen beeinflußt, so wie der Mond die Bewegung der Ozeane verursacht.

Sind Sie ein Heiler und tragen den Smaragd unablässig, dann am besten am kleinen Finger oder Ringfinger. Tragen Sie ihn genau über dem Herz-Chakra (im V-Ausschnitt des Kleides oder Pullovers). Er kann auch als Armreif am rechten Arm getragen werden. Trägt man ihn am rechten Arm, ist dies auch die Hand, die man bei der Heilbehandlung benutzt. Er wirkt sich auch auf andere Arbeiten förderlich aus, die Sie gerade verrichten.

Der Smaragd ist kein Stein, mit dem man beständig arbeitet. Er wird nur für bestimmte Zwecke benutzt. Tragen Sie ihn, wenn Sie anderen gerne helfen wollen.

Synthetische Smaragde sind heute ziemlich verbreitet. Sind sie genauso wirkungsvoll wie natürliche Steine?

Die Schwingungen der synthetischen Steine erweisen sich als hilfreich, sind jedoch nicht so segensreich wie die des natürlichen Steines, ebenso wie synthetische Vitamine vom Körper nicht so einfach aufgenommen werden wie natürliche. Synthetische Steine sind von grober Natur, und es gibt Elemente, die in ihnen nicht vorkommen, sondern nur im natürlichen Stein.

Aufgrund der Energie im natürlichen Stein ist es wichtig, daß Sie ihn bewußt und gezielt anwenden und nicht beständig am Finger tragen. Dies gilt vor allem dann, wenn Sie den Smaragd während der Arbeit am Herz-Zentrum am Mittelfinger tragen, da dann die Gefahr besteht, daß Ihnen Energie entzogen wird. Der Smaragd ist ein Stein, der Heilungswasser enthält. Er beinhaltet weiterhin die Schönheit aller alterslosen Weisheit, die zuerst im Paradies des Menschen existierte, im grünen Paradies, auf dem grünen Planeten, den Sie repräsentieren.

Im Stein können sich die Eigenschaften des Gebers befinden. Die Qualitäten des Gebers und der Gabe sind in der Schwingung des Steines enthalten. Wird ein Stein mit Liebe geschenkt, übermittelt er die gleiche Qualität an den Empfänger. Seien Sie sich dessen bewußt, daß ein gestohlener Stein negative Schwingungen entwickelt, die sich entsprechend auf den Dieb auswirken.

Die Bedeutung des Smaragdes für die Menschheit kann nicht genug betont werden.

Granat

Der Granat tritt in vielen Farben und in großer Vielfalt auf; die Farben können hier tiefe smaragdgrüne Tönungen sowie gelbe, braune oder rote Schattierungen zeigen. Im allgemeinen begegnen wir den roten Pyrop- und Rhodolitgranatsteinen.

Wie würden Sie die Schwingungen dieses Steines beschreiben?

Spirituelle Eigenschaften

Der Granat ist ein Stein von großer Tiefe und Reinheit. Dieser Stein ist besonders gut für die Hypophyse, denn während man über den Granat meditiert, strömt die Schwingungsenergie in das dritte Auge ein und beeinflußt die Hypophyse tiefgreifend. Der Granat verleiht die Fähigkeit, in vergangene Leben, vergangene Inkarnationen blicken zu können und dabei jene Informationen auszuwählen, die für die Entwicklung und das innere Wachstum des Betreffenden förderlich sind.

Bei Anwendung dieser Technik sollte der Stein oben auf dem Kopf des Patienten liegen. Die Schwingung des Steines löst die Membranen, die die Gedankenformen des jeweiligen Menschen verbinden. Auf diese Weise werden die Gedankenformen in den Äther entsandt und so geordnet, daß andere Menschen sie erkennen und einfacher lesen können, indem sie jene Einzelheiten entnehmen, die zum Verständnis des Patienten wichtig sind. Der Ausdruck "Membran" ist eher symbolischer Natur, da es keine physischen Membranen gibt, die das Gedächtnis enthalten. Allerdings gibt es ätherische Membranen, und der Granat ist durch sein Energiemuster imstande, diese zu lösen.

Die Gedanken werden im Geist des Menschen neu geordnet, damit er die Bedürfnisse, die Hilfe, den Schmerz, das Gute, alles, was er zuvor erlebt hat, besser versteht. Jemand, der wirkungsvoll mit dieser Technik arbeiten möchte, sollte den Stein für einige Zeit in seiner/ihrer Tasche oder am Körper tragen. Der Granat stimmt sich auf Sie ein, und wenn Sie ihn auf den Kopf eines anderen Menschen legen, entsteht dadurch eine engere Verbindung. Vom Stein werden nur solche Gedankenformen freigegeben, die für die Behandlung des Patienten hilfreich und segensreich sind.

Heilkräfte

Die Einsamkeit, der Friede, die Ruhe, können durch den Gebrauch dieses Steines berührt werden. Der Granat beeinflußt den Träger/die Trägerin oder den von ihnen Behandelten, da er zu jenen Steinen gehört, durch die hindurch Energie zu einem anderen Wesen reflektiert wird.

Der Granat wirkt während der Kontemplation sehr inspirierend. In diesem Zusammenhang hält man ihn in der Hand. Die Form des Steines in Ihrer Hand ist hierbei ohne Bedeutung. Konzentrieren Sie sich jedoch auf einen Granat, der "brillanten-ähnlich" (58 Facetten) geschliffen ist und ein spitzes Ende besitzt. Versuchen Sie, sich an die Farbe des Granates zu erinnern, den Sie in Ihrer Hand halten, lassen Sie ihn klar und rein vor Ihrem geistigen Auge erstehen, während Sie sich die Diamantform vorstellen. Dergleichen unterstützt Sie dabei, alle Störungen auszuschalten.

Trägt man ihn über dem dritten Auge, kann der Granat auch als Schutzstein verwendet werden. In diesem Zusammenhang schützt er Sie vor äußeren Einflüssen und entfernt aus Ihrem Bewußtsein den Einfluß der Probleme anderer Menschen. Wird er jedoch so getragen, besitzt er keine Heilkräfte.

Um den Granat bestmöglichst für Heilzwecke zu benutzen, halten Sie ihn über die Milz. Er reinigt, verstärkt und erweitert. Die Milz ist ein Organ, deren Funktion nur schwer angeregt werden kann. Beim Durchschnittsmenschen befinden sich ständig Giftstoffe im Körper, die abtransportiert werden müssen, damit sein gesamtes System vitaler ist. Würde man einmal in der Woche eine Behandlung vornehmen, würde sich dies für jeden Menschen als segensreich erweisen.

Der grüne Granat kann bei der Heilbehandlung von großem Nutzen sein. Man sollte seine Energien auf ihn projizieren, da er reinigend auf die Gedanken der Menschen wirkt. Es ist wichtig, daß der Mensch an den Stein denkt, seine innere Reinigung zuläßt. Die Energie des Steines vermag dann zur Heilung anderer genutzt zu werden.

Der rote Granat repräsentiert die Tiefe der Liebe, jene Tiefe, die in allen Dingen ist, die Tiefe in Gott. Vermittels dieses Steines können viele Dinge eingehend von Mensch zu Mensch erklärt werden. Denken Sie daran, daß die Vorstellung des Steines ein Gefühl von Ewigkeit und ewiger Liebe verleiht. Da dieser Stein auf Ihr Bewußtsein wirkt, läßt er Sie nach Weiterentwicklung, nach Vollkommenheit streben, die bereits Teil von Ihnen sind.

Energie

Die Energiequalitäten dieses Steines sind von ausgleichender Natur, sie führen zu Frieden und Stille, zu Ruhe-Qualitäten, die die Persönlichkeit abzurunden vermögen.

Unterschiedliche Formen verströmen unterschiedliche Energiefelder. Der rechteckige Stein zeigt eher einen 'weltlichen Charakter'. Er unterteilt Dinge in Gruppen oder Gebiete und schafft damit einen gewissen Ausgleich. Er besitzt nicht jene allumfassende Natur eines runden Steines. Ein runder Stein mit einem spitzen Ende eignet sich ausgezeichnet zur Heilbehandlung, da er sich direkt auf den Krankheitsherd im Körper richtet. Viereckige Steine erweisen sich bei geschäftlichen Unternehmungen als sehr hilfreich, rechteckige Steine bei sonstigen irdischen Dingen oder Angelegenheiten, die sich auf den Mentalkörper beziehen. Trotzdem ist die Form zweitrangig, am wichtigsten ist die Farbe und die Schwingung des Steines. Die Form ist von zusätzlichem Vorteil, aber nicht wesentlich.

Steine jeglicher Form können das Auge erfreuen und beruhigend auf das Bewußtsein wirken, und es wäre gut, einen Wechsel zwischen den Formen und Größen vorzunehmen, anstatt bei einer Form und Größe zu bleiben. Öffnen Sie sich stets neuen Gedanken, Ideen, Formen, Größen und Farben.

Die Hypophyse wird durch den Granat beeinflußt sowie jene Drüsen, die auf die Intuition des Menschen Einfluß haben, da er ferne Ziele vor Augen zu führen vermag, die aus dem 'Schweigen' dieses Steines geboren werden.

Benutzt man den Granat für das Basis-Chakra, sollte die zu behandelnde Person auf dem Bauch liegen und der Granat sollte über ihren Steißbeinbereich gehalten werden. Es ist dabei nicht notwendig, sich auf den Stein zu konzentrieren oder an ihn zu denken, man hält ihn einfach über jene Stelle. Er ist von pulsierendem Wesen: er rührt auf und beruhigt, was sich beständig wiederholt. Man sollte ihn auf rhythmische Art benutzen oder während vieler Monate. Auf diese Art verwandt bewirkt der Granat im Bewußtsein des Behandelten eine tiefe Reinigung. Jedoch sollte er nur bei Menschen eingesetzt werden, die an ihrer Entwicklung arbeiten und nach höherem Wissen streben.

Seien Sie hinsichtlich dieser Reinigungstechnik geduldig und achten Sie darauf, daß Sie ihn nicht nachlässig benutzen, da ein Granat ein machtvoller Stein ist und Traumata bei Menschen verursachen kann, die für diese Erfahrung noch nicht bereit sind. In diesem Fall verursacht er auch erhebliche "Disharmonie", er kann schmerzhaft wirken, nicht unbedingt auf den physischen Körper, doch dort, wo der Mensch Probleme mit sich selbst und anderen auszutragen hat.

Der Granat übermittelt dem Menschen die Botschaft, daß er geduldig sein sollte und ausdauernd in allen seinen Handlungen, die er beginnt. Er sollte die Schwächen und Stärken seines Wesens erkennen und geduldig an ihnen arbeiten; zwischen ihm und seinen Mitmenschen sollte ein Austausch zwischen Geben und Nehmen bestehen. Der Mensch bedarf eines tiefen Empfindungsvermögens und Mitgefühls; dieser Stein verleiht seinem Geist Wärme und Anteilnahme.

Der Granat stellt das Symbol tiefster Liebe und reinsten Mitgefühls dar, und während der Mensch ihn benutzt oder trägt, vor allem den roten Stein, sollte er sich die gleichen edlen Eigenschaften seiner Seele ins Bewußtsein rufen.

Jade

Die Jade nimmt seit Jahrhunderten eine herausragende Stellung ein und war lange Bestandteil der orientalischen Philosophie. In China und Japan gehört sie zu den wertvollsten Steinen.
Die Chinesen ordnen der Jade fünf Haupttugenden zu: Klarheit, Bescheidenheit, Mut, Gerechtigkeit und Weisheit. Jade umfaßt genau genommen zwei verschiedene Mineralsorten, den Nephrit und den Jade; der Nephrit tritt häufiger auf und ist deshalb von weit geringerem Wert als der Jadeit.

Ist der Jadeit wirklich so wertvoll, wie die Orientalen behaupten?

Ja, die Jade weist durch ihre Vielfalt von Tönungen wichtige Aspekte auf.

Spirituelle Eigenschaften

Jade vermag gleichzeitig durchdringend und beruhigend zu wirken. Wirkt sie durchdringend, gelangt sie zur verborgenen Weisheit eines Menschen und bis zu den Tiefen eines Problems. Wirkt sie beruhigend, so bringt sie den Frieden, der in Verbindung mit diesem Problem erforderlich ist, da oft, sobald das Problem zum Ausdruck kommt, auch eine Antwort erfolgt.

Jade ist ein guter Meditationsstein; er eignet sich ausgezeichnet, um über ihn zu reflektieren. Allein ihn im Haus zu haben ist von Wert. Geht man an ihm vorbei, stimmt man sich unbewußt auf seine Schwingung ein und nimmt seine Eigenschaften auf. Er eignet sich auch vorzüglich dazu, ihn zu berühren oder in der Hand zu halten, da von ihm große Sanftheit und Wärme ausgehen, wodurch er auf den ihn berührenden Menschen beruhigend und besänftigend wirkt.

Die verschiedenen Farben der Jade offenbaren vergleichbare Eigenschaften; verwendet man allerdings die rot- und orangefarbenen Steine, spricht man damit die Schwingungen des Ärgers, Hasses und der Begierde an, während grüne und blaue Farbtöne auf Reinheit, Liebe, die Emotionen, das innere Wachstum sowie die Zuneigung Einfluß nehmen.

Heilkräfte

Um bei der Heilbehandlung wirksam zu sein, sollte der Jade-Stein auf die in Frage kommende Stelle aufgelegt werden. Handelt es sich um ein emotionales Problem, empfiehlt es sich, zuerst die richtige Farbe zu wählen und diesen Stein dann in der Nähe des Chakras der entsprechenden Farbe aufzulegen. Es wäre gut, in diesem Fall Lavendel-Jade zu benutzen – falls man diese Art von Jade überhaupt bekommen kann – da er eine sanftere Schwingung ausstrahlt. Diese Methode macht es möglich, das Problem klar zu formulieren und ebenso die Antwort, die damit einhergeht. Man gewinnt eine Klarheit, die sehr subtil ist, und die Dinge präsentieren sich auf sanftere Art, wodurch sie einfacher zu bewältigen und zu bearbeiten sind.

Energie

Die Jade verfügt über einen tiefen Einfluß auf das Herz-Zentrum und regt leicht die Funktion der Drüsen an, und zwar solcherart, daß Giftstoffe ausgeschieden werden. Sie wirkt wie ein Magnet, da die Drüsen auf die Jade zurückstrahlen und sich dadurch von Giftstoffen befreien.

Die Wirkung der Jade auf das Herz-Zentrum kommt zustande, indem höhere Energieschwingungen aus den niederen Chakras das Herz-Chakra und die höheren Chakras des Ätherkörpers durchströmen. Hält man die Jade über das Herz-Chakra und läßt die niederen Energien hindurchfließen, erfahren diese Reinigung und erreichen als verfeinerte Energien die höheren Chakras. Auf diese Weise strömt in umfangreichem Maße Energie nach oben, die die höheren Chakras belebt und energetisiert. Der Saphir, der von durchdringendem Wesen ist, eignet sich weitaus besser für das physische Herz, während Jade eher reinigende Eigenschaften zeigt. Arbeitet man gleichzeitig mit beiden Steinen, könnte man damit eine tiefere Reinigung des Energiestromes erreichen.

Wie würden Sie die verschiedenen Eigenschaften der einzelnen Jade-Farben beschreiben?

Lavendelblau

Lavendelblaue Jade strahlt Liebe, Schönheit und Sicherheit aus. Sie ist segensreich bei der Heilung mentaler Probleme oder solcher, die mit dem Mentalkörper in Verbindung stehen. Wird dieser Stein als Ring am linken Ringfinger getragen und über das Scheitel-Chakra eines Menschen gehalten, der sich gerade in einem Zustand mentaler Erregung befindet, erzielen wir mit dieser Methode die besten Ergebnisse. Lavendelblaue Jade trägt dazu bei, den Mental- und Emotionalkörper zu verbinden, damit beide in größerer Übereinstimmung miteinander arbeiten.

Rot

Diese Jade-Farbe zeigt einen energetisierenden Effekt und fördert auch allen Ärger zutage, den ein Mensch aufgestaut hat. Arbeitet man mit roter Jade, berührt man emotionale Probleme von Grund auf, damit das Sediment sich am Boden absetzt (bildlich gesprochen). Nachdem dies geschehen ist, präsentiert sich das emotionale Problem in klarerer und deutlicherer Form, und die Seele vermag besser damit umzugehen, indem sie dem Menschen hilft, sein Problem klarer zu erkennen und sich ihm zu stellen. Trägt man Jade am Ringfinger, strömt die Energie durch das Herz und unterstützt den Menschen darin, sich dessen bewußt zu werden, wo er an sich arbeiten muß, oder welche Probleme bewältigt werden müssen. Die Jade gibt ihm auch die hierzu erforderlichen Antworten. Rote Jade zeigt eine anregende Wirkung, indem sie eine sogenannte "göttliche Unzufriedenheit" in der Seele des Menschen hervorruft.

Orange

Die zentrale Qualität der orangefarbenen Jade betrifft die Energie. Sie unterstützt den Menschen dabei, die Ursachen eines Energiemangels aufzufinden und aufzudecken. Sie konfrontiert den Menschen mit diesem Problem, um den Energiemangel zu beheben. Sie beseitigt Apathie.

Im Milz-Bereich sollte orangefarbene Jade mit großer Vorsicht angewandt werden, da dieser Bereich auf besondere Weise behandelt werden muß. Leider bedient sich der Mensch der Heilungseigenschaften in sehr sprunghafter Manier, was jedoch nicht gut ist. Man sollte sich mit diesem Thema eingehend befassen, bevor man mit Versuchen und Experimenten anfängt. Beginnt man mit der Behandlung eines Organs oder Chakras, sollte man dem ganzen Körper Beachtung schenken. Sie sollten auch den Zustand der anderen Chakras oder Körperbereiche kennen, da sonst unangenehme Vorkommnisse eintreten könnten.

Gelb

Gelbe Jade wirkt auf den Solarplexus. Sie regt den Gallefluß an und beseitigt damit Verdauungsschwierigkeiten und Verstopfung. Sie unterstützt außerdem die Arbeit am Solarplexus. Möchte man die Funktion der Gallenblase anregen, kann man den Stein direkt auf die betreffende Stelle legen. Diese Jade-Farbe sollte nicht mit dem Körper selbst in Berührung kommen, sondern in einem Beutel aufbewahrt werden. Auf diese Art vermag man das Solarplexus-Zentrum vor äußerlichen Einflüssen abzuschirmen. Gelbe Jade weiß um die Energieströme, doch nimmt sie nicht auf.
Legt man diesen Stein auf die Lendengegend oder Hüften, unterstützt er die Funktion der Bauchspeicheldrüse.

Es ist empfehlenswert, sich jenes Stück Jade im Beutel oder die Jade, die man in einer Tasche der Kleidung trägt, vor dem geistigen Auge vorzustellen. Dies bewirkt die Konzentration auf die Jade und verstärkt das Wissen um ihre stützende Kraft. Sie übt eine beruhigende Wirkung aus.

Blau

Blaue Jade beeinflußt alles, das mit dem Kopf zu tun hat, die Gedanken, Ideen und Vorstellungen, die Meditation, die innere Funktion der Kopforgane. Sie besitzt keine Wirkung auf andere Organe oder Blutgefäße, sondern nur auf das Erfaßbare des Kopfes und Geistes. Arbeitet man mit dem Mentalkörper, wirkt sie als Filter und sollte deswegen um den Hals getragen werden.

Blau verströmt die friedvolle Schwingung aller Jade-Arten, man kann sie problemlos anwenden, da alle Menschen diese Schwingung aufzunehmen vermögen. Dieser Stein wird niemals überstimulieren oder heftige Handlungen hervorrufen; man kann ihn bedenkenlos verschenken, und er kann von jedem Menschen getragen oder benutzt werden.

Lachsfarben

Lachsfarbene Jade beeinflußt die Funktion der Nebennieren. Sie wirkt anregend, doch es sei noch einmal gesagt, daß sie mit Vorsicht angewandt werden sollte. Man sollte die Funktion der Nebennieren nur verstärkt aktivieren, wenn dies wirklich notwendig ist.

Cremefarben

Cremefarbene Jade verhält sich neutral, sie beinhaltet alle Qualitäten, die allgemein zum Energiemuster der Jade-Gruppen gehören. Sie eignet sich für Schnitzereien oder schöne Dekorationsgegenstände, ist jedoch in bezug auf andere Eigenschaften nicht so sehr erwähnenswert.

Malvenfarben

Malvenfarbene Jade gleicht sehr der orangefarbenen Jade, jedoch zeigt sie spirituelle Qualitäten, ein spirituelles Wesen und einen geistigen Entwicklungsweg auf, da sie eine sehr zarte Schwingung besitzt. Sie hilft dem Menschen, sich nach innen zu richten und seine eigenen spirituellen Bedürfnisse zu entdecken; sie unterstützt die eigene Persönlichkeitsentwicklung und fördert die Ausprägung des spirituellen Wesens. Man muß schon sehr sensitiv oder empfindsam sein, um die Schwingungen dieses Steines wahrzunehmen.

Andere

In Zukunft wird man Jade zur Auffindung eines Elementes benutzen, von dem die Menschheit heute noch nichts weiß. Es gibt Steine und Felsformationen in Kristallform, die noch nicht ans Tageslicht gefördert worden sind. Diese Steine befanden sich in vergangener Zeit im Universum, und man wird sie in den tieferen Höhlen der Erde entdecken. Man wird sie in Burma finden. Sie zeigen eine kristalline Struktur und stehen in engem Bezug zum Felskristall. Jedoch wird dieser Stein einen anderen Namen tragen und eine andere Zusammensetzung aufweisen. Er wird von großem Wert sein, jedoch nicht so wertvoll wie der Diamant.

Jade erinnert den Menschen an seine eigenen Ursprünge, an jene Dinge, die der Vergangenheit angehören, da sie vieles repräsentiert, das aus dem Orient kommt und auch die früheren Entwicklungsstufen des Menschen darstellt. Jade repräsentiert den inneren Frieden, Charaktertiefe und Evolution, Dinge, die ewig bestehen werden.

Dieser Stein gibt dem Menschen Führung, und er sollte sich seiner Sanftheit und Reinheit, seines schimmernden Charakters wohl bewußt sein. Der Mensch sollte wissen, daß auch sein eigenes Bild sich ihm einprägt, so wie Figuren aus Jade geschnitzt werden. Den Menschen umgibt etwas Durchscheinendes, das jedoch nicht wahrnehmbar ist in dem Sinne, daß man durch sich selbst oder seine Mitmenschen sieht, sondern man erblickt das Licht Gottes, das durch das Sein eines anderen Menschen widergespiegelt wird.

Jaspis

Jaspis umfaßt eine Vielfalt undurchsichtiger Chalcedone, vor allem roter, gelber, dunkelgrüner und graublauer Steine und wird in Fülle auf der ganzen Welt gefunden.

Da Jaspis sich auf dem Brustschild der Hohenpriester befand, wie lassen sich die Eigenschaften dieses Steines beschreiben?

Spirituelle Eigenschaften

Der Jaspis besitzt sehr subtile Eigenschaften. Er verströmt keine starken Schwingungen und verfügt auch nicht über besonders ausgeprägte Kräfte. Jedoch wirkt er langfristig, führt statt plötzlicher Veränderungen diese langsam im Laufe der Zeit herbei. Er kann zu Heilzwecken verwandt werden, doch er eignet sich nicht zum Auflegen auf Verletzungen und Wunden. Das Blut wird durch seine Schwingung nicht sonderlich beeinflußt, doch er erweist sich von Nutzen, trägt man ihn

dicht am Hals oder unterhalb des Kehl-Chakras, da er alles beeinflußt, das zum Kopf oder Gesicht strömt. Er sollte über dem Brustbein getragen werden. Auf diese Weise verwandelt er unmerklich die Schwingungen des Unterkörpers (unterhalb des Zwerchfells), die nach oben zum Kopf strömen.
Legen Sie ein Stück Jaspis in ein Glas mit Wasser, lassen Sie es zwei bis drei Tage stehen, und trinken Sie dann das Wasser. Dadurch bewirken Sie langsame Veränderungen, die jedoch nicht über den Blutstrom erfolgen.

Dergleichen bildet die Voraussetzung für weitere, zukünftige Veränderungen. Jaspis versetzt den Körper in Bereitschaft, Schwingungen hilfreicher Natur zu empfangen. Er verfügt auf diese Weise über stärkende Eigenschaften. Er selbst übt keinerlei Wirkung aus, doch er bereitet darauf vor. Er darf als allgemeines Körperstärkungsmittel betrachtet werden, und man sollte hier grünen Jaspis verwenden.

Erwarten Sie keine Wunder, da der Stein keine plötzliche Wirkung zeigt und auch keine großartigen Dinge bewirkt. Doch da dergleichen nicht geschieht, werden seine Schwingungen von den einzelnen Körpern viel leichter assimiliert, vom Ätherkörper wie auch vom physischen Körper. Seine Schwingungen werden stets von den einzelnen Körpern aufgenommen, und wir müssen uns über überschüssige Energien oder ein Zuviel an Energie keine Sorgen machen.

Heilkräfte

Der Jaspis gewährt Hilfe, indem er die Körperenergien sanft verändert und erneuert. Man setzt ihn nicht zielgerichtet bei einer Krankheit oder zu einer Problemlösung ein, sondern nur, um die Körperschwingung auszugleichen.

Energie

Jaspis verströmt eine sanfte, positive Strahlung. Er erweist sich nützlicher, trägt man ihn dicht am Körper, wo er die Körperenergie in leicht veränderter Form an den Körper zurückgibt. Sich stets verändernd und nie gleich, ist ihm die Fähigkeit zu eigen, vor allem die Körperenergien zu unterstützen, weniger sie zu ergänzen.

Jaspis verträgt sich mit der Schwingung des Opals und kann mit ihm zusammen verwandt werden. Da er sowohl unterstützend wie ergänzend zu diesem wirkt, vermag er den Großteil der aufwühlenden Aspekte des Opals auszugleichen. Im wesentlichen verstrahlt er parallel zum Opal Energien, die jene des Opals abschwächen und für den Körper verträglicher machen, wodurch er eine Überaktivität des Opals verhindert.

Der Jaspis eignet sich für die Anwendung im und nahe des Brustbereiches oder in der unteren Halsgegend, wobei es sich um Stellen größerer Blutansammlung handelt. Die Schönheit eines jeden Steines hängt von seinem Schliff ab. Es kann sich dabei um einen ganz einfachen Stein handeln, der sich, nachdem er geschliffen wurde, in ein edles Schmuckstück verwandelt, und dessen Schönheit in seiner Einfachheit liegt. Möge sich der Mensch stets, unabhängig von der Heilung, die sich in seinem Körper und Geist vollzieht, grundsätzlicher Schönheit und Wahrheit, die in seinem Inneren schlummern, bewußt sein, vor allem jener, die mit dem "All-Schöpfer" verbunden ist. Sein physischer Körper ist "Erde", ist der Erde nahe und sehr fundamental, während Verstand und Geist "eins" sind mit dem Schöpfer, und er selbst im Grunde gleichzeitig zwei Seinswelten in sich vereinigt. Betrachtet er die Steine im Rohzustand, sollte er immer daran denken, daß er genauso alltäglich und unscheinbar ist wie sie. Betrachtet er die Schönheit eines Diamanten, sollte er sich seiner Fähigkeit bewußt werden, alles gleichzeitig zu sein, vergleichbar mit den Farben, die sich im Diamanten widerspiegeln.

Die Seinsebenen, Farben, die Härte des Menschen sind so vielfältig wie die Steine. Weiß man um diese Dinge, sollte man lernen, nach innen zu schauen und über seine eigene Güte und Qualitäten nachdenken. Vergessen Sie solches nicht!

Kunzit

Der Kunzit weist im allgemeinen eine blaßrosa Farbe auf, die bis ins Tiefviolett gehen kann. Unter dem Einfluß von Radium strahlt er phosphorisierend.

Worin liegen die Qualitäten des Kunzits?

Energie

Die Energie, die diesen Stein umgibt, wirkt mehr wie eine grundlegende Qualität oder auch wie ein "Grundton" in der Natur. Kunzit beinhaltet eine Stärke und Eigenart, jedoch keine Aktivität. Es handelt sich um eine grundsätzliche Kraft, die dem Stein zu eigen ist und ähnlich einem starken Magneten wirkt. Damit verbunden kann die Fähigkeit zu beugen oder auch zu zwingen auftreten, doch nie zu brechen. Kunzit wirkt stärker auf die Extremitäten des Körpers oder das Blut in den Venen ein. Er ist weder notwendig noch wesentlich für die Zentren des Körpers.

Spirituelle Eigenschaften

Kunzit verhilft zu größerer Disziplin. Es ist wesentlich, für den Träger/die Trägerin, begonnene Aufgaben zu beenden. Nur wenn sie ihr Ziel mit Ausdauer verfolgen, werden sie den Segen und das Gute verspüren, das aus dem Tragen dieses Steines resultieren kann. Der Kunzit verströmt einen Rhythmus, eine Regelmäßigkeit, eine Ausgeglichenheit oder rhythmische Qualität, die den Träger/die Trägerin zu größerer Disziplin veranlaßt. Jene, die sprunghaft im Denken und Handeln sind, werden bemerken, daß der Kunzit ihnen Beständigkeit und Verläßlichkeit schenkt. Es scheint fast, als bringe eine Kraft sie auf den Weg, den sie zu beschreiten haben. Dieser Stein übt eine sanfte, jedoch kraftvolle Wirkung auf den Träger/die Trägerin aus.

Heilkräfte

Kunzit darf nur in dem Sinne als heilend betrachtet werden, daß er einen freieren Blutfluß bewirkt, gleichsam als sei das Blut dünnflüssiger geworden. Er verdünnt jedoch nicht das Blut, sondern bewirkt einen gleichmäßigeren Blutfluß.

Kunzit beseitigt Spannungen im Schulterbereich. Hält man ihn über die Hautoberfläche und bewegt ihn in einer Entfernung von fünf bis sieben Zentimetern darüber, scheint es, als würden die Schulternerven unter einem “Energiebeschuß” stehen, der den Schmerz und die Schultern entspannt.

Weitere Ausführungen

Es ist nicht erforderlich, den Kunzit zu tragen. Lassen Sie ihn über die Venen gleiten und Sie unterstützen damit den Blutfluß. Bewegen Sie ihn ebenfalls über die Extremitäten, wie Arme und Hände, vor allem über diese, und weniger über

Beine und Füße. Benutzen Sie diesen Stein bei Durchblutungsstörungen, oder wenn der Blutfluß zur Entgiftung des Körpers beschleunigt werden soll. Liegt zum Beispiel eine Infektion der Beine vor, bewegen Sie den Stein zur Anregung der Körperentgiftung über die Arme. Aufgrund seiner stark anziehenden Kraft sollte der Stein nicht über die die Beschwerden verursachende Stelle selbst gehalten werden. Er würde zu einer zu großen Blutansammlung an dieser Stelle führen, die vielleicht das Problem oder die gegenwärtige Stauung verstärken könnte. Erfolgt eine Entstauung in diesem Bereich, tritt hier eine heilende Wirkung ein, es wird gerade soviel Blut entzogen wie notwendig und anderen Bereichen zugeführt.

Der Kunzit wird selten benutzt; er trägt nicht zur Entwicklung der meditativen oder philosophischen Seite im Menschen bei. Er ist ein mit der Erde verwurzelter Stein und von grundsätzlicher Natur.

Lapislazuli

Der Lapislazuli zeigt eine tiefblaue Farbe bei voller Reinheit, doch sehr häufig findet man ihn mit Calcit vermischt, der ihm goldene Flecken oder Fasern verleiht; manchmal sieht man ihn auch mit Pyritbeimischungen. Eine beachtliche Menge von Lapislazuli wird in Afghanistan oder im russischen Ural gefördert, doch kleinere Minen werden auch in zahlreichen anderen Ländern gefunden.
Da er die elfte Stelle auf dem Brustschild der Hohenpriester einnimmt, dürfte er von weitreichendem Interesse sein. Wie lassen sich seine Eigenschaften definieren?

Spirituelle Eigenschaften

Der Lapislazuli weist Eigenschaften der Feinheit, Schönheit, Reinheit sowie einen hohen Grad an Härte auf, und doch ist er von ätherischer Qualität. Er befähigt den Träger/die Trägerin seinen/ihren eigenen Ätherkörper der Schwingung des Steines anzupassen, und indem dies geschieht, erleichtert er das Öffnen vieler Chakras. Jemand, der sich unter Anwendung dieses Steines der Kontemplation über die Öffnung der Chakras widmet, handelt weise, wenn er dergleichen mit Liebe im Herzen, Verständnis im Geist und Weisheit in seiner Seele praktiziert. Indem er/sie so handelt, wird er/sie bemerken, wie sich neue Wege in seinem/ihrem Leben eröffnen. Doch man sollte Vorsicht walten lassen und sich vor jeglicher Neugier zurückhalten.

Alle Gedankenformen erfahren Veredelung, arbeitet man mit diesem Stein, und aufgrund dessen sieht man alle Dinge klarer als sonst.

Um den Ätherkörper eines Menschen auf die Schwingung des Lapislazuli einzustimmen, ist es gut, den Stein während der Meditation auf das Scheitel-Chakra zu legen. Man wird eine sanfte Wirkung bemerken, die jedoch den Träger/die Trägerin befähigt, in alle ihm/ihr widerfahrenen Dinge einen tieferen Einblick zu gewinnen.

Bei der Visualisierung des Steines tritt eine vollkommene Beruhigung des Geistes ein. Beginnen Sie über das Auge oder das Gefühl den Stein aufzunehmen und versuchen Sie, sich in den Stein hineinzubegeben. Verkleinern Sie vor Ihrem geistigen Auge Ihren Körper auf eine Größe, mit der Sie den Stein betreten können, und spüren Sie ihn um sich wie eine Hülle, einen Schutz. Geben Sie sich mit Anfangsversuchen zufrieden und bemühen Sie sich nicht, etwas zu beschleunigen. Es entspricht einer esoterischen Wahrheit, daß man zuerst eins werden muß mit einem Stein, einer Pflanze oder einem Körper, bevor man etwas von seiner Schwingung verspürt und mit ihr arbeiten kann. Führen Sie es mit Ihrem geistigen Auge aus und nicht mit dem Herz-Chakra, und Sie werden mit dem Stein verschmelzen. Versuchen Sie jedes Mal, tiefer in den Stein hineinzugehen. Dabei ist es nicht notwendig, etwas Bestimmtes zu denken oder Fragen zu stellen. Bemühen Sie sich lediglich, in den Stein einzudringen und mit ihm eins zu werden. Ein geschliffener Stein eignet sich zu diesem Zweck am besten. Der Schliff ist wichtig, da durch ihn die Möglichkeit einer Energieabschwächung gemindert wird, wie sie für einen ungeschliffenen Stein zutrifft.

Heilkräfte

Möchten Sie den Lapislazuli zu Heilzwecken verwenden, halten Sie ihn in einer Hand, während Sie mit der anderen arbeiten. Umschließen Sie ihn mit ihrer Hand. Konzentrieren Sie sich auf den Stein, bis Sie das Gefühl haben zum Brennpunkt in ihm zu werden, wobei Sie Ihren Geist und Ihre Gedanken auf den zu Behandelnden richten. Dieser Stein führt zu einer Reinigung des gesamten Körpersystems, nachdem er den Empfänger erreicht hat.

Energie

Der Lapislazuli verfügt über edle Eigenschaften, eine hohe Schwingung und wirkt wie eine elektrische Energieladung. Sie müssen für diese Energie bereit sein, denn sie kommt nicht ohne weiteres zu Ihnen. Das Energiemuster kann besser visualisiert und verstanden werden, denkt man an die Farben des Spektrums. Rot, Orange und Gelb stellen die warmen, hohen Energieschwingungen dar, während die Grün- und Blautöne den ätherischen oder geistigen Schwingungen entsprechen. Man gelangt zu größerer Tiefe, wenn man höhere Schwingungsebenen erreicht.

Lapis besitzt eine Entsprechung zu Gold; damit ist nicht das Metall gemeint, sondern das im menschlichen Körper befindliche 'Gold'. Sobald man gelernt hat, eins mit dem Stein zu werden, ist man imstande, seine eigene Persönlichkeit auszuschalten und den Lapis als Brennpunkt vor dem geistigen Auge zu benutzen. Mit der Ausschaltung der eigenen Persönlichkeit und der eigenen Qualitäten, vermag man sein Gegenüber besser zu erreichen. Dann erst sieht man einen Menschen so, wie er wirklich ist und weiß seine Eigenschaften zu schätzen, ohne ein Urteil darüber abzugeben, sei dieses positiv oder negativ. Nimmt man bei einem Menschen ein bestimmtes Bedürfnis wahr, wäre es gut, die Worte, die dieses Bedürfnis formulieren, nicht auszusprechen. In diesem Zusammenhang sollte man die Worte nur vor seinem geistigen Auge sehen. Dabei ist es z.B. nicht erforderlich "dieser Mensch bedarf des Friedens" zu denken. Vergegenwärtigen Sie sich nur das Wort "Friede" und dem entsprechenden Menschen wird die Energie zuströmen, derer er bedarf, bzw. es kann auch Energie abgezogen werden. Bei diesem Stein dürfen Sie nicht "Möge dieser Mensch Frieden finden" oder "Möge er den richtigen Lebensstil finden, der ihm Frieden bringt" sagen. Wir helfen hier in keiner Weise, sondern halten nur das Wort oder den Gedanken vor unserem geistigen Auge. Während viele Steine zur Auffindung von Metallen und Edelsteinen benutzt werden können, eignet sich dieser Stein nur, um das 'Gold' im Menschen aufzuspüren.

Der Lapislazuli beeinflußt sowohl das Kundalini- als auch das Herz-Zentrum. Er kann benutzt werden, um das Kundalini-Feuer zu erwecken und veranlaßt den Menschen, nach diesem Ziel zu streben, das 'flüssige Gold in der Seele' zu finden. Der Geist erfährt Veredelung, genau wie Gold, das den Schmelzprozeß durchlaufen hat. Nur das Reine dringt durch und verbleibt in reiner Form.

Daran sollte man denken, denn hier handelt es sich um jene Tiefe des Lernens, auf die man in Zukunft zurückkommen wird. Wir erreichen ein neues Zeitalter, wenn sich alle Menschen der Kundalini-Kraft bewußt sein werden und diese mit den edelsten Zielen anzuwenden wissen.

Will man mit dem Lapis die Kundalini beeinflussen, empfiehlt es sich, den Stein, (die Steine) nahe des Kehl-Chakras zu tragen, das den Willen beherrscht. Man sollte sich bewußt sein, daß die Kundalini immer nach diesem höheren Chakra oder "nach diesem Stein" strebt. Man sollte nicht an den Stein denken und sich auch nicht auf ihn konzentrieren, sondern ihn einfach tragen. Die Erweckung der Kundalini vollzieht sich nur bei dem Menschen, der den Stein trägt. Es ist nicht möglich, dadurch die Kundalini-Kraft eines anderen Menschen zu erwecken.

Obgleich Lapislazuli-Ringe beliebt sind und der Lapis bei den Propheten des Altertums den rechten Zeigefinger zierte, wenn sie die Zukunft deuteten, sollte der Lapis am besten über dem Zwerchfell getragen werden, damit die Energie stets zu den höheren geistigen Zentren emporströmt. Fließen die Energien "hinab" zu den Keimdrüsen, ist dies weniger gut. Es ist für den Träger/die Trägerin von Vorteil, wird der Lapis in Form von Ohrringen, Ketten, Broschen und anderen Schmuckstüchen möglichst weit am Oberkörper getragen.

Dieser Stein muß als einer der bedeutendsten Steine betrachtet werden, obwohl er heute vom materiellen Standpunkt für nicht so wertvoll wie viele andere Steine erachtet wird. Er sollte vor allem als das Zentrum der Erde, als Rotationszentrum, Zentrum der Zentrifugalkraft angesehen werden, als Brennpunkt bzw. Mittelpunkt, so wie die Sonne im Solarsystem.

Er verfügt über außerordentliche Energie oder Kraft, und doch ist er nur so gut wie sein Träger/seine Trägerin. Erkennt man solches, weiß man, daß er keine allzu große Kraft verströmt, und doch kann er jene Kraft entwickeln, die sich bereits im Menschen befindet. Er fördert das Vorhandene, gibt jedoch selbst keine große Energie ab. Er darf als Wegbereiter angesehen werden, der dem Menschen dazu verhilft, mittels seiner Energie und seines Wissens seinen eigenen Weg zu finden.

Malachit

Der Malachit ist ein hell- bis dunkelgrüner Stein, der in einer Vielfalt von Tönen mit ungleichen Bändern (Streifen) vorkommt. Er gehört zu den Hauptkupfererzen und wird gewöhnlich in Verbindung mit Azurit gefunden.

Obgleich der Malachit zu den Erzen zählt, wird er oft geschliffen und als Schmuck oder Schnitzerei verwendet. Ist dieser Stein von großem Wert?

Der Malachit ist wechselhaft in seinem Wesen. Es gibt Menschen, bei denen er positiv wirkt und andere, bei denen er negativ wirkt. Er erreicht das Innerste des Menschen und spiegelt das wider, was bereits in ihm ist. Wenn der Mensch infolgedessen den Stein als negativ empfindet, dann nur, da er seine eigenen negativen Qualitäten offenbart. Man darf ohne weiteres behaupten, daß dieser Stein der Spiegel der Seele ist, da der Mensch durch ihn seine Seele klarer zu erkennen vermag als sein Nächster. Seien Sie ehrlich und aufrichtig mit sich selbst in diesem Zusammenhang, da wir manchmal nicht imstande sind, das anzuschauen, was wir sehen, und uns aufgrund dessen nicht bewußt sind, daß wir selbst diese Negativität ausstrahlen. Wir sollten dergleichen sorgfältig analysieren, darüber nachdenken und das Ergebnis zu unserem inneren Wachstum nutzen.
Da der Malachit in seiner Natur wechselhaft ist, ist Vorsicht geboten, ihn als Schmuck zu tragen. Denken Sie stets darüber nach, was Sie empfinden, wenn Sie ihn tragen. Tragen Sie ihn nicht, wenn Sie sich in negativer Stimmung befinden. Wenn Sie bemerken, daß es mit ihrer Stimmung aufwärts geht, verstärkt der Malachit dieses Gefühl und läßt sich angenehm tragen.

Heilkräfte

Dieser Stein bewirkt im Ätherkörper eine leichte Veränderung. Er beeinflußt nicht den physischen Körper, sondern nur jene Bereiche, die auf ihn wirken. Es handelt sich hier um ganz feine Schwingungen, die mit dem physischen Auge nicht wahrnehmbar sind, doch seien Sie versichert, daß er das entfaltet, was sich in einem Menschen befindet. Der Malachit ist von geringem materiellen Wert, doch er kann zur Behandlung der feineren Körper verwendet werden.

Energie

Der Malachit steht in Einklang mit den Nebenschilddrüsen, doch beeinflußt er sie nicht. Sie sollten auch nicht versuchen, mit ihm auf Sie einzuwirken. Doch so wie der Mensch zwei Nebenschilddrüsen besitzt, die sich gegenseitig beeinflussen, so wirkt der Malachit auf die Persönlichkeitsebene des Menschen in gleicher Weise ein. Malachit sollte bitte nicht als Heilstein verwandt werden, weder um Energie zu entziehen, noch um Energie einströmen zu lassen. Allerdings sollte man wissen, daß sein Energiemuster im Einklang mit den Nebenschilddrüsen steht. Benutzen Sie ihn niemals für Heilzwecke, da er aufgrund seiner Natur nicht immer sicher in der Anwendung ist. Dies gilt vor allem dann, wenn Sie bestimmte Körperabschnitte behandeln, da Sie nicht die gegenwärtige Stimmungslage des Menschen oder seinen Biorhythmus kennen, und die Gefahr besteht, daß negative Energien noch verstärkt werden. Lassen Sie stets den Willen des betreffenden Menschen ausschlaggebend sein.

Falls der Malachit die positiven und negativen Eigenschaften verstärkt, bedeutet dies, daß die Nebenschilddrüsen etwas mit dem Rhythmus des Emotional- und Mentalkörpers und deren Einfluß auf den physischen Körper zu tun haben?

Die Nebenschilddrüsen verfügen über die Kraft, Energie an einen Menschen abzugeben oder auch zurückzuhalten. Sie sorgen für den Energieaustausch im Körper des Menschen. Sie führen dem Körper Energie zu, können Sie jedoch auch abziehen.

Orangefarbene Jade wäre für Menschen mit einem niedrigen Energiespiegel angebracht – sie sollte im Bereich der Nebenschilddrüsen aufgelegt werden – da sie sanfte, belebende Schwingungen besitzt, die von den Nebenschilddrüsen aufgenommen werden. Allerdings ist bei der Anregung dieser Drüsen Vorsicht geboten. Die Stimulation sollte vorrangig über andere Körperbereiche erfolgen, da die Nebenschilddrüsen hierfür von zweitrangiger Bedeutung sind.

Ist ein Mensch überdurchschnittlich aktiv, so liegt es häufig an einem Mineralungleichgewicht in seinem Körper. Dergleichen wird z.B. oft durch eine zu große Manganaufnahme durch Gemüse verursacht. Es kann sein, daß bestimmte Körper jenen Mineralstoff schneller filtrieren als andere Mineralien. Dergleichen wird vor allem durch die Funktionen im Körperinneren ausgelöst und nicht so sehr durch Umwelteinflüsse. Die beste Methode, den Körper von überschüssigem Mangan zu befreien, liegt in der Einnahme von Körpersalzen.

Weitere Ausführungen

Es ist nicht immer klug, einen Malachit zu tragen. Man kann ihn gerade noch als Ring empfehlen, den man abnimmt, wenn es geraten erscheint. Man sollte Malachit-Schmuck wählen, der sich leicht abnehmen läßt und zudem nicht zu nahe an den einzelnen Organen getragen wird. Trägt man ihn am Ringfinger der linken Hand, vermag er keinen Schaden anzurichten. Desweiteren sollte er gut geschliffen sein.

Der Mensch sollte sich seiner zwiespältigen Natur bewußt sein und wissen, daß alle unangenehmen Dinge, die ihm widerfahren, durch seine eigenen Körpergedanken hervorgerufen werden. Gleicherweise vermag er alle glücklichen Begebenheiten und Umstände günstig zu beeinflussen, so daß diese einen noch positiveren Charakter annehmen.

Oft weiß er, daß er ausschlaggebend ist für die Geschehnisse, die ihm widerfahren. Er braucht jetzt nicht in dramatischer Weise daran zu arbeiten, es reicht, wenn er versteht, daß durch ihn alles zu dem wird, was es ist. Er ist der Schöpfer, durch ihn manifestieren sich Gedankenformen, und an ihm liegt es, ob dies auf angenehme oder unangenehme Weise geschieht.

Mondstein

Der Mondstein gehört zur Gruppe der Feldspate, die genau genommen Orthoklase genannt werden. Er zeigt gewöhnlich einen milchblauen Opalschimmer und ist aufgrund dessen für das Auge interessant.

Besitzt der Mondstein spirituellen Wert?

Für Menschen mit negativem Wesen ist er ein negativer Stein, und für diejenigen mit positivem Wesen ist er ein positiver Stein. Er paßt sich dem Sein und den Gefühlen des Menschen an, doch er fügt weder etwas hinzu, noch entzieht er etwas. Er gleicht einem Spiegel, der das Wesen des Trägers/der Trägerin reflektiert.

Der Mondstein eignet sich ausgezeichnet zur Förderung psychometrischer Qualitäten; desweiteren bewirkt er eine Disziplinierung des inneren Selbst im Menschen, da durch den Mondstein sein Wesen offenbar wird.
Findet er Anwendung in der Psychometrie, werden diejenigen, die imstande sind, die Aura eines Menschen mittels eines bestimmten Metalles oder Steines zu sehen, beobachten, daß dieser Stein Informationen über den wahren Charakter eines

Menschen vermittelt. Er verbirgt nicht die innere Persönlichkeit, sondern offenbart das innere Wesen des Trägers/der Trägerin. Er entnimmt allen "Seinsebenen" Schwingungen, doch nur in ganz geringfügigem Maße. Er entzieht weder negative Schwingungen, noch verstärkt er positive, sondern vermittelt ein wahrhaftiges Bild dessen, was ist. Er empfängt auf sehr subtiler Ebene ein Abbild der Wirklichkeit und offenbart es auf eine Weise, daß der Suchende genau weiß, woran er ist. Er ist voller Aufrichtigkeit und legt trotzdem alle Gefühlsbewegungen dar, woraus ein klares Gesamtbild entsteht. Um solches erfolgreich durchzuführen, sollte der Stein dem Träger/der Trägerin gehören, damit derjenige, der sich psychometrisch betätigt, das gesamte Lebensmuster des Betreffenden aufzunehmen vermag, da dem Stein kleinste Partikelchen anhaften, die die Vergangenheit und Zukunft sowie alles Vorhandene offenbaren. Er ist wertlos im Besitz des psychometrisch Arbeitenden und nur von Wert, wenn er anderen gehört. Der Mondstein nimmt die Schwingung des Trägers/der Trägerin auf, sein/ihr Gesamtbild, die Vergangenheit, Gegenwart und Zukunft. Damit solches jedoch möglich ist, sollte er/sie ihn mindestens drei Monate tragen. Je länger er getragen wird, um so besser.

Energie

Im Solarplexus wird durch den Mondstein ein Widerstand hervorgerufen, so wie ein Sandkorn einen solchen in einer Auster weckt. Er irritiert den Solarplexus und rückt doch die Dinge klarer ins Bewußtsein. Er unterstützt den Menschen dabei, sich besser zu erkennen, ein Gesamtbild zu gewinnen.

Es existiert hier kein Aspekt, den der Mensch in seinem eigenen Wesen entwickeln müßte, da der Mondstein das innere Wachstum des Menschen nicht fördert und auch nicht die

Sichtweise zu seiner eigenen Person erweitert. Er sollte dergleichen als "Außenenergie" betrachten, die man anschaut, aber nicht in sein inneres Wesen hineinnimmt.

Es gibt nichts für den Menschen, das hier von konstruktiver Natur wäre; er sollte nur daran denken, daß es im Leben bestimmte Dinge gibt, die man erlebt, die für kurze Zeit angenehm sein mögen, aber nicht unbedingt Teil der gesamten Inkarnationserfahrung darstellen.

Onyx

Der Onyx gehört in die Nachbarschaft der Chalcedone, er wird durch schwarze und weiße Streifen charakterisiert und wurde früher gern benutzt, um Kameen zu schnitzen.

Besitzt der Onyx irgendeinen Wert?

Spirituelle Eigenschaften

Dieser Stein scheint keine besondere Tiefe zu haben. Jedoch wird man feststellen, daß er alle Schwingungen des Menschen aufnimmt und sich hervorragend für die Psychometrie eignet, bei der man die Schwingung eines anderen Menschen zu definieren sucht. Desweiteren verfügt er über die Eigenschaft, die Schwingungen eines anderen Menschen umzuwandeln, d.h. er nimmt die Schwingung auf und wandelt sie um, noch ehe der Betreffende beeinflußt wird. Man weiß, daß die Energien, die der Onyx ausstrahlt, positiver Natur sind, wenn sie den betreffenden Menschen erreichen. Sie werden in solcher Art und Weise umgewandelt, daß man ihnen noch größere Aufmerksamkeit schenken wird.

Der Onyx weist Schwingungen auf, die eine Geschichte erzählen. Lauschen Sie der Geschichte des Onyx, doch erwarten Sie keine geistigen Erkenntnisse. Er verfügt über ein Wesen, das "die Tür schließt" und für sich behält. Er ist ein Stein, der Geheimnisse bewahrt und sich vor Negativität verschließt. Er nimmt keine negativen Kräfte auf, wie dies für andere Steine zutrifft, sondern er beherbergt vor allem die Lebensgeschichte des Trägers/der Trägerin. In gewisser Weise ähnelt er dem Mondstein. Doch während der Mondstein die geistigen Qualitäten des Menschen und seines Ätherkörpers an sich zieht, nimmt der Onyx die physischen Qualitäten auf, die Lebensgeschichte des Menschen und die damit verwobenen Geschehnisse.

Heilkräfte

Er erweist sich nur von Vorteil, wenn man größere physische Kraft benötigt, wenn das physische Wohlbefinden gefördert werden soll. Dieser Stein stärkt die Kraft von Knochen und Zähnen. Er unterstützt desweiteren die höheren physischen Aspekte im Menschen und läßt sie im Körper wirksam werden. Er besitzt die Eigenschaft, die Arbeit der roten und weißen Blutkörperchen zu aktivieren, die den Körper stärken und der Infektionsabwehr dienen. Man kann den Onyx sozusagen auch als Verschluß betrachten, der verhindert, daß dem Körper Kraft und Energie entzogen wird. Er verleiht emotionale Stabilität in Krisenzeiten und kann täglich als kraftspendender Schmuck getragen werden. Seine Eigenschaften gleichen denen des Sardonyx.

Energie

Der Onyx besitzt ein stabilisierendes, neutralisierendes und stärkendes Energiefeld. Er eignet sich für alle, die leicht in

Aufregung geraten, sei es auf emotionaler oder physischer Basis. Man sollte auch Athleten empfehlen, ihn zu tragen, da er Ausgleich zwischen Geist und Körper schafft und Geistesgegenwart bewirkt. Er bringt jene zuverlässigen Charakteristika mit sich, derer Berufe mit dieser Ausprägung bedürfen und bewahrt Menschen darin vor Oberflächlichkeit. Tragen Sie ihn auf der linken Seite des Körpers. Der Onyx läßt sich gut mit Diamanten oder Perlen verwenden, da beide ihn ergänzen. Werden Sie zusammen getragen, zeigen sie eine noch größere Wirkung. Die Perle ruft bestimmte Wirkungen hervor und auch der Diamant. Es ist wünschenswert, den Onyx entweder durch einen Diamanten oder eine Perle zu ergänzen. Er zeigt eine direkte Wirkung auf den Solarplexus des physischen und des Ätherkörpers. Er stabilisiert den Solarplexus, indem er Störungen verhindert. In diesem Zusammenhang sollte er von Athleten an einer langen Kette getragen werden, so daß er fast über das Herz-Chakra hinausreicht. Indem er auf den Solarplexus wirkt, stabilisiert er auch die Bauchspeicheldrüse. Dieser Körperbereich erfährt auch eine Stärkung, wenn man einen Onyx als Goldring fassen läßt. Dabei wäre es gut, den Ring auf den Solarplexus zu legen, während der Betreffende eine ausgestreckte Lage einnimmt. Hierbei wird der Ring nicht am Finger getragen.
Der Onyx verleiht dem Menschen einen zuverlässigen Charakter und innere Stärke. Er sollte so stark und fest sein wie die schwarze Farbe des Steines, so umgänglich wie seine reflektierenden Qualitäten. Wie auch der Onyx geschliffen werden muß, um zu glänzen, so muß auch der Mensch geschliffen werden, damit er die Dinge um sich herum widerspiegeln kann, anstatt die Qualitäten anderer Menschen in sich zu reflektieren. Er sollte imstande sein, ein Spiegel für alle ihn umgebenden Dinge zu sein. Man sollte so auch den Vorüberge-

henden etwas zu geben vermögen, und indem sie in diesen schwarzen Stein blicken, entdecken sie ihre eigene Schönheit. Möge der Onyx ihnen als "Ergründungsstein" dienen und nicht dazu, über die Eigenschaften anderer Menschen zu richten.

Opal

Der Opal ist ein Stein von fast kristalliner Struktur. Er ist vor vielen Zeitaltern durch die Wasserkraft entstanden. Seine Farbe erstreckt sich von einem undurchsichtigen Weiß über alle Farben des Spektrums, was an einer lichtbrechenden Eigenschaft liegt. Im allgemeinen klassifiziert man ihn, abgesehen von seinem Wert, als gewöhnlichen, schwarzen oder feurigen Opal. Lange bestand der Aberglaube, daß er ein Unglücksstein sei.

Wie würden Sie die Eigenschaften dieses Steines beschreiben?

Der Opal ist ein Stein, der entweder belebt oder auflöst. Viele, die diesen Stein tragen, zeigen ein leichtfertiges, verschwenderisches Wesen. Der Opal verstärkt die Charakterzüge eines Menschen. Falls jemand in seinem Denken und seinen Handlungen zerstreut und nervös ist, intensiviert der Opal diese Züge, ruht jemand in seiner Mitte und ist zielgerichtet, werden diese Merkmale auch stärker ausgeprägt.

Tragen Sie den Opal mit Vorsicht? Wenn Sie sich kennen, wenn Sie wissen, daß Sie weder zerstreut, noch nervös oder erregt sind, dann wählen Sie ihn, da er Ihre Fähigkeit bessert, in das Wesen der Dinge hineinzublicken.

Dieser Stein konzentriert sich auf die Bedürfnisse eines Menschen, obgleich er eine schwache Schwingung besitzt. Gewöhnlich dringt er zur Ursache eines Problems vor. Er besitzt, wie bereits gesagt, nur zarte Energieströmungen und trotzdem verstärkt er alles, sei es positiv oder negativ. Vor allem der Feueropal, der bei geschäftlichen Angelegenheiten von Vorteil ist, wirkt irritierend auf den Solarplexus. Öffnen Sie sich diesem Stein, doch nur falls Sie sich mit ihm nicht unwohl fühlen.
Es empfiehlt sich, den Opal möglichst weit weg vom Körper, am besten am kleinen Finger zu tragen.
Es wäre gut, den Opal außer Reichweite von Jugendlichen zu halten, da diese besonders empfänglich für die beständig wechselnden Schwingungen um sie herum sind, und das Tragen eines Opals ein noch größeres inneres Ungleichgewicht verursachen würde. Sie mögen ihn gerne betrachten, sollten ihn jedoch nicht verwerten. Mag er auch ihr Geburtsstein sein, so trägt er doch nicht dazu bei, sie zu stabilisieren. Solange sic nicht eine gewisse Reife erlangt haben, d.h. mindestens 21 oder 23 Jahre alt sind, ist dieser Stein für sie nicht geeignet.

Perle

Die Perle, die sich wie die Koralle im Meer entwickelt und deswegen nicht als Stein bezeichnet werden kann, wird jedoch ähnlich wie ein Edelstein benutzt oder getragen.

Hat die Perle ähnliche Eigenschaften wie die Edelsteine?

Die Perle zeigt die Eigenschaft, die "Tiefen der Persönlichkeit" zu ergründen. Wie Perlen durch Widerstände entstehen, so wächst auch die Seele durch Widerstände. Die Perle symbolisiert Reinheit und Schönheit, Mitgefühl und große Liebe. Dergleichen bezieht sich auf die “vollkommene Perle”, da es so viele uneben gewachsene Perlen gibt. So wie in der Natur, gibt es auch unter den Menschen viele unvollkommene Seelen. Der vollkommenen Seelen gibt es wenige, und doch lassen sie ihr Licht für ihre Mitmenschen erstrahlen, damit es dazu beitrage, sie zu vervollkommnen.

Reibt man eine Perle beständig zwischen den Fingern, so erhöht man damit ihren Glanz, wie sich auch das Strahlen der Menschen intensiviert, wenn es zu ‘Reibungen’ unter ihnen kommt.

Die Perle eignet sich gut zur Meditation. Sie kann auch zur Erhöhung der Aufmerksamkeit dienen. Da sie von aufnehmendem Wesen ist, zerstreut sie die Energien des Körpers nicht.

Heilkräfte

Die Perle zeigt keine Wirkung auf den physischen Körper, doch trägt sie dazu bei, die mentalen und geistigen Energien zu bündeln. Sie verbindet viele Bereiche des Körpers, was jedoch nicht auf physischer Ebene geschieht. Sie kann dazu verwandt werden, die Emotionen und den Intellekt ausgeglichen zu gestalten und zu besänftigen.

Die Perle beruhigt die Hypophyse. Hat der Körper vielerlei Belastungen durchzustehen, tut man gut daran, sie als gefaßten Stein entweder vor oder über der Hypophyse anzuwenden.

Energie

Wir treffen hier auf leuchtende, lumineszierende, sanfte, Frieden bringende Eigenschaften. Dergleichen bedeutet Frieden des Geistes, nicht des physischen Körpers, der unter Krankheit leidet. Das Energiefeld der Perle entspricht dem jeweiligen Träger/der jeweiligen Trägerin. Es kann nicht auf jemand anders übertragen werden. Es vermittelt Beruhigung und führt zur Ganzheit.

Ist eine kultivierte Perle genauso wirksam wie eine natürliche Perle?

In begrenztem Maße. Der Mensch sollte wissen, daß alles, was nicht auf natürliche Weise gewachsen ist, eine geringere Schwingungsrate aufweist. Jene Dinge, die eigens zu einem bestimmten Zweck geschaffen wurden, sind in ihrer Wirkungsweise begrenzt.

Die Perle ist insofern bemerkenswert, als sie zum Wohlc anderer benutzt werden kann. Es ist wichtig, daß derjenige/diejenige, der/die sie trägt, sie pflegt und zu seinem/ihren eigenen Segen benutzt und dabei erkennt, daß er/sie dadurch imstande ist, das Denken, die Emotionen, die Gefühle, Gedanken und den Geist in eine Richtung zu lenken. Es wäre gut, sie als Erbstück zu benutzen, das von Generation zu Generation weitervererbt wird, da die Perle die beständige Liebe und die guten Schwingungen der Vergangenheit umschließt. Sie wirft alle Negativität zurück und nimmt nur das Lichte und Positive auf. Die Perle sammelt all die Liebe, die jeder Träger/jede Trägerin in sich hat, wobei jeder weitere Besitzer/jede weitere Besitzerin den Segen der zunehmenden Energieschwingung der Liebe verspürt.

Peridot

Der Peridot, ein zartgrüner Stein mit einer sanften Tönung, steht dem Olivin und dem Chrysolit am nächsten und wird auch oft als solcher bezeichnet.

Worin bestehen die Eigenschaften des Peridots?

Spirituelle Eigenschaften

Er verfügt über die Qualitäten der Leichtigkeit und Schönheit, die Eigenschaft, Dinge klar zu erkennen und Probleme zu lösen. Der Peridot eignet sich nur für Menschen mit einem klarem Geist, für solche, die imstande sind, Dinge auf lange Sicht zu erkennen. Er wäre keine Hilfe für jene, die die Last des Lebens niederdrückt, da diese die zarten Schwingungen eines solchen Steines nicht wahrnehmen könnten und ihn deswegen auch nicht zu schätzen wüßten. Seine Schwingung ist zu zart, zu ätherisch.

Heilungskräfte

Der Peridot verfügt über zarte Heilkräfte. Er eignet sich nicht zur Heilung des Körpers, sondern nur zur Heilung des Geistes.

Er ist gut für Menschen, die unter einem "zerstreuten Geist" leiden. Er lindert spirituelle Angst.

Der Peridot führt außerdem zu einer ausgewogenen Funktion der Nebenschilddrüse, indem er sie belebt und anregt.

Dieser Stein ist nur für "ätherische Wesen" bestimmt, die bereits in geistigen Höhen schweben. Menschen mit großer Sensitivität und tiefem Verständnis vermögen mit diesem Stein ihre eigene geistige Unsicherheit zu heilen. Er verfügt über helle und edle Qualitäten, doch seine Schwingung ist nicht sehr ausgeprägt. Trotzdem bewahrt der Peridot vor Nervosität, ein Problem, das von der Mentalebene her angegangen werden muß.

Energie

Die Energieschwingungen des Peridot werden nur von solchen Menschen verspürt, die überdurchschnittlich sensitiv sind. Für den Durchschnittsmenschen sind sie nicht wahrnehmbar, deswegen sollte er sich nicht weiter darum kümmern. Jene, die speziell nach diesem Stein ein Verlangen haben oder seiner bedürfen, werden seine Heilkraft verspüren, die so zart ist, daß sie sich für die allgemeine Öffentlichkeit nicht eignet.

Der Peridot beeinflußt die drei obersten Chakren des Ätherkörpers, vor allem das Scheitel Chakra. Würde man ihn in einer Krone oder in der Frisur tragen, wäre dies die wirksamste Weise, das Scheitel-Chakra zu beeinflussen. Man sollte diesen Stein auf dem Chakra tragen oder am Halsansatz.

Rubin

Der Rubin gehört zur Gruppe der Korunde, und seine tiefrote Farbe vermochte schon in frühester Zeit der Geschichte die Herzen der Edelsteinliebhaber zu erwärmen. Er gehört zu den seltenen Steinen und man findet ihn in klarer, tiefroter Farbe und oft auch in einem marmorierten rotviolett.

Worin bestehen die vielen Aspekte dieses Steines?

Spirituelle Eigenschaften

Die Qualität der Liebe wird vom Rubin reflektiert; Liebesbedürfnisse können von ihm ausgefüllt werden. Jene, denen es an Selbstliebe mangelt, würden gut daran tun, über einen Stein dieser Farbe und Qualität zu meditieren. Indem sie solches praktizieren, lösen sie in sich die Energie, die dazu notwendig ist, vieles von dem Trauma zu überwinden, das durch ihren Mangel an Selbstliebe verursacht wurde.

Der Stein beeinhaltet auch die Eigenschaft des Mutes, nicht eines solches Mutes, der in die Schlacht zieht, sondern jenes Mutes, der stets die Wahrheit sucht, der stets für das Wahre eintritt und nach dem Höchsten strebt. Mut ist ein rühmliches Merkmal dieses Steines; man könnte auch Tapferkeit dazu sagen.

Heilkräfte

Der Rubin übt eine positive Wirkung auf den Blutkreislauf aus. Er wirkt nicht reinigend, sondern unterstützt die Blutzirkulation. Er kann helfend bei der Bekämpfung einer Infektion sein und beseitigt Bakterien im Blutstrom; in diesem Zusammenhang darf er als reinigend betrachtet werden.

Benutzt man ihn in Verbindung mit einem Prisma, trägt er dazu bei, Blutgerinnsel aufzulösen. Sind Blutgerinnsel vorhanden, sollte man mit dem Rubin über die Venen in Herzrichtung streichen. Dergleichen sollte vorsichtig und ohne Angst geschehen, da es sich hier um eine schwierige Aufgabe handelt. In diesem Fall sollte der Rubin Brillantschliff haben, wobei der Heiler mit der Spitze des Steines über die einzelnen Hauptarterien oder Blutgefäße gleitet. Während der Heiler mit dem Rubin arbeitet, steht das lichtdurchstrahlte Prisma auf einem Tisch in der Nähe und wirft die Farben des Farbspektrums in den Raum. Es ist nicht erforderlich, daß das Licht des Prismas auf den Patienten strahlt; der Rubin nimmt die Lichtschwingung auf und verstärkt sie. Hierdurch vermag es vor allem bei bestimmten Beschwerden wie Blutgerinnseln oder zur Senkung des Cholesterinspiegels eingesetzt zu werden. Im allgemeinen dient es jedoch der Reinigung. Die Nebennierendrüsen erfahren durch die Reinigung des Blutes eine Belebung in ihrer Funktion, da sie dann besser in der Lage sind, Nährstoffe aus dem Blut aufzunehmen; sie müssen nicht warten, bis das Blut zuerst von anderen Organen gereinigt wird.

Der Rubin eignet sich auch dazu, die Sehkraft der Augen zu erhalten, wenn man ihn regelmäßig über viele Jahre hinweg anwendet. Er stellt das Sehvermögen nicht wieder her, doch er erhält das noch vorhandene Sehvermögen. Die Förderung der Blutversorgung der Auges durch den Rubin verhindert eine Verschlechterung des Sehvermögens. Gegenwärtig steht der Menschheit kein Stein zur Verfügung, der das Sehvermögen wiederherstellt.

Der Rubin beeinflußt die Blutgefäße des Auges, er bewirkt ihre Stärkung und trägt zur Erhaltung dieses Zustandes bei. Er belebt die allerkleinsten Gefäße oder Zellen und unterstützt sie darin, ihren gegenwärtigen Zustand aufrechtzuerhalten.
Es gäbe weitere Möglichkeiten, das Sehvermögen wieder herzustellen, doch die Antworten sind noch nicht vollkommen, da der Mensch es noch nicht gelernt hat, seinen Augen genü-

gend Aufmerksamkeit zu schenken und so die Beschwerden vorläufig ertragen muß.
Er muß lernen, jedem Teil seines Körpers Achtsamkeit zu widmen, so, als gäbe es nur diesen einen Körperteil. Doch er glaubt, er habe dafür keine Zeit. Die richtige Antwort im Fall der Augen lautet: ausgewogene Ernährung, Pflege, richtiges Licht. Der Mensch sieht sich immer noch nicht als Gesamtwesen, sondern als eine Serie von Einzelteilen.

Energie

Der Rubin wirkt vor allem reinigend auf die Chakras, die mit dem Blutkreislauf in Zusammenhang stehen, genauer gesagt auf das Herz-Chakra, den Solarplexus und die niederen Chakras des Körpers. Außerdem wird der Astralkörper durch diesen Stein leicht beeinflußt, da er sehr sensitiv ist und deswegen zarteste Schwingungen aufnimmt, die der Rubin fernzuhalten vermag.

Was den Solarplexus angeht, wirkt der Rubin belebend, da er aufrührt, vieles 'nach oben' bringt und ganz und gar nicht beruhigt oder besänftigt. Das heißt jedoch nicht, daß er ein zerstörerischer Stein ist. Er bewegt nur die Energien auf richtige Weise, damit sie ihre Aufgabe erfüllen können.

Der Rubin kann als Brosche getragen werden, als Ring, über den man reflektiert oder durch den man schaut und sogar als Fußkettchen. Als Fußkettchen befindet er sich weit vom Solarplexus entfernt und vermag von dieser Stelle aus eine überaus positive Wirkung auszuüben, da das Blut durch diesen Bereich zirkuliert und die positive Energie des Rubins aufnimmt. An dieser Stelle wirkt der Rubin weniger beunruhigend, er sollte hier an der Fußinnenseite getragen werden.

Weitere Ausführungen

Der Rubin steht in einer interessanten Beziehung zu einem Planeten. Im Weltraum gibt es einen Planeten, der vom "modernen Menschen" noch nicht entdeckt wurde, was auch nicht vor Ende des zwanzigsten Jahrhunderts geschehen wird. Dieser Planet heißt Noele und dergleichen bedeutet "Segen von Oben".

Erst wenn der Mensch diesen Planeten entdeckt, wird er besser mit dem Rubin arbeiten können und ihn so verwenden, wie er verwendet werden sollte. Solches wird zu einer Zeit geschehen, in der der Mensch eher in der Lage ist, mit diesen Dingen geistig umzugehen. Noele ist der Wegbereiter des Neuen Zeitalters, der Planet der Erleuchtung.

Die Schönheit und der Glanz dieses Steines sollten auch im Menschen erstrahlen, wenn er Liebe in seinem Herzen trägt, die er an alle verströmt, denen er begegnet, wird die Welt ein besserer Ort sein.

Der Mensch sollte über jeden dieser Steine und ihre Eigenschaften nachdenken, damit er die gleichen Qualitäten findet, wenn er in sich hineinschaut. Der Rubin ist ein geduldiger, tiefwirkender und innerlich berührender Stein, der das verborgene Feuer des Mutes und der Kraft in sich trägt, und der Mensch sollte diese Eigenschaften selbst in sich aufspüren.

Man sollte über den Rubin meditieren, indem man nach den Qualitäten strebt, die hier aufgezeigt werden. Praktiziert man solches, wird man feststellen, daß man seinen Geist und seine Kraft stärkt und zunehmend die Eigenschaften entwickelt, die wichtig für das innere Selbst sind.

Saphir

Der Saphir gehört ebenfalls zur Korund-Gruppe und ist ein Edelstein von hohem materiellen Wert. Seine Farbe kann schwarz, blau, weiß und grau sein; oft zeigt er auf der Oberfläche einen sechszackigen Stern.

Welche Eigenschaften offenbart dieser Stein?

Heilkräfte

Der Saphir schenkt seinem Träger/seiner Trägerin Licht und Freude, innere Schönheit und tiefe Gedanken. Jene, die der Stein als Ring schmückt, neigen dazu, heilend auf den Verstand oder Geist einzuwirken. Sie nutzen ihn als Quelle einer sie umgebenden Schönheit, da sie die Schwingungen dieses Steines kennen.

Es empfiehlt sich, den Saphir als Ring anstatt als Anhänger zu tragen. Als Anhänger zieht er negative Kräfte an; sowie die Probleme oder Sorgen anderer Menschen. Als Ring sendet er Heilschwingungen aus.
Am besten eignet sich der blaue Stein für die Heilung. Der schwarze Stein dient vor allem dem Schutz; er verhilft dem Träger/der Trägerin, seine/ihre Mitte zu finden. Der weiße Saphir weist hohe spirituelle Eigenschaften auf, und wie der Kristall ist er ein vorzüglicher Stein, um seine Aufmerksamkeit auf ihn zu richten. Er wirkt sozusagen wie ein Brennpunkt.

Weiterhin besteht ein kleiner Unterschied zwischen einem Sternsaphir und einem klaren Stein. Der Sternsaphir wirkt besser auf die Chakras des Ätherkörpers, während sich der klarblaue Saphir für den Mentalkörper als wirksamer erweist.

Energie

Der Saphir bündelt Energie, ohne daß der Träger/die Trägerin bewußt etwas dazu beiträgt. Er strahlt Eigenenergie aus und eignet sich für bestimmte Persönlichkeiten besser als für andere. Der Saphir verfügt sozusagen über eine Eigenschwingung. Er wirkt unabhängig, anstatt die Energien des Trägers/der Trägerin zu ergänzen oder zu unterstützen. In reines Silber gefaßt ist er besonders wirksam, da Silber die Schwingungen des Steines erhöht. Dies heißt nicht, daß der Saphir im Einklang mit Silber steht, doch er paßt zu Silber.

Bedeutet der Stern im Saphir ein Symbol?

Wenn Sie sich auf den Stein konzentrieren oder ihn anschauen, sind Sie imstande, Ihre Gedanken zu sammeln. Er erinnert beständig daran, daß alle Dinge von einem Mittelpunkt ausgehen und man vielerlei Anstrengungen unternehmen muß, um ganz zu werden. Er zeigt Ihnen auch die schwer zu erfassende Qualität der Wahrheit oder des Guten, denn obgleich Sie etwas betrachten mögen, entdecken Sie dessen wahre Schönheit erst, wenn Sie es im leuchtenden und hellen Licht der Spiritualität sehen.

Obgleich es auf Erden viele Pfade gibt, kreuzen sie sich doch immer wieder, wie es beim Sternsaphir auch geschieht. Unabhängig davon, wo ein Mensch mit seiner Suche beginnt, wird er feststellen, daß es einen Mittelpunkt gibt, den es zu erreichen gilt, der die Gottesquelle, die Gottesenergie darstellt. Wenn er auf seiner Suche anderen Menschen begegnet, wird ihm auffallen, daß sie in jenem Kreis einen anderen Ausgangspunkt haben. Selbst die Dinge, die so schlicht wie der Saphir erscheinen, so schlicht wie der farblose Saphir, weisen Schönheit und innere Tiefe auf, und der Mensch sollte in seinem Leben stets auf sie achten.

Sardonyx

Man erkennt den Sardonyx an seinen roten und weißen Streifen (Bändern); er gehört zur Gruppe der Chalcedon-Steine. Er war der Stein auf der Brustplatte, den man ursprünglich als Onyx bezeichnet hat.

Worin bestehen die Eigenschaften des Sardonyx?

Im Wunsch zu kämpfen, zu verteidigen, im physischen Kampf! Die Haupteigenschaft dieses Steines liegt in seiner Verteidigungsnatur, im Wunsch zu beschützen. Er ist ein ausgesprochen physisch polarisierter Stein und man gibt ihn vor allem Menschen mit einer Anlage zur Aggressivität oder mit einem aggressiven Temperament, den Erforschern und Kämpfern.

Heilkräfte

Der Sardonyx beeinflußt das Knochenmark und lindert dort Zellstörungen. Segnet man den Sardonyx und wendet ihn richtig an, so ist er bei der Behandlung von Knochenmarkskrebs sehr hilfreich, doch bedarf es der bewußten Annahme seiner Heilenergie seitens des zu Heilenden.

Jedoch kann der Stein gegenwärtig nicht auf diese Weise benutzt werden. Seien Sie deswegen nicht niedergeschlagen, sondern seien Sie versichert, daß in den kommenden Jahren diese Information der Medizinwelt zugänglich sein wird. Akzeptieren Sie einfach, daß hierin eine der Aufgaben des Sardonyx liegt. In diesem Zusammenhang wird man Hochfrequenzlaser oder Röntgenstrahlen durch den Sardonyx leiten.

Der Mensch muß lernen, die verschiedenen Aspekte seines Lebens und seiner Existenz zu unterscheiden, er muß lernen, daß es eine Zeit für die Arbeit und für das Spiel gibt, für Gesundheit und für Krankheit, die rechte Zeit für alles; so wie dieser Stein das Knochenmark vom Knochen trennt im Wissen, daß alles einen bestimmten Sinn hat.

Tigerauge

Der moderne Name für Crocidolit lautet Tigerauge. Die häufiger vorkommende goldbraune Farbe entsteht nur aus der Oxydation des ursprünglich blauen Tones. Das Tigerauge gehört zur Gruppe der Chalcedone, die vor vielen Zeitaltern an Stelle der Asbestrückstände getreten sind.

Ist dieser Stein von Wert?

Beurteilen Sie einen Stein niemals nach seinem materiellen Wert! Dieser Stein ändert sich beständig in sich selbst. Würde ein Beobachter ihn aus verschiedenen Blickwinkeln betrachten, hätte er beständig den Eindruck von Veränderung. Dieser Stein ist für das geistige Auge ein "allsehendes Auge", was wichtig ist, denn wenn man ihn trägt und sich auf ihn konzentriert, verleiht er das Gefühl von Einheit. Er vermittelt größere Stärke, höhere Zielgerichtetheit im Glauben und in den Gedanken. Dieser Stein bewirkt Konzentration und Stärkung des Geistes. Er ist ein bedeutender Stein, doch nur für die,

die ihn richtig anzuwenden wissen. Damit ist gemeint, daß man sich seiner eigenen und der Bedürfnisse anderer bewußt ist, denn hierdurch sieht man, daß es viele Standpunkte gibt, viele unterschiedliche Ebenen des Wachstums. Es ist wichtig, zu den Mitmenschen einen engen Bezug zu pflegen, damit man ihre Schwächen und Stärken versteht. Es ist erforderlich, zu lernen, daß es auch in Ihnen Stärken und Schwächen gibt, doch es ist überflüssig, sich aufgrund dessen minderwertig zu fühlen. Dieser Stein kann vor allem dazu benutzt werden, ihn zu betrachten, über ihn nachzudenken, indem seine glänzende Oberfläche der Beruhigung der Gedanken dient.

Heilkräfte

Das Tigerauge verleiht dem Körper keine Kraft, sondern stärkt den Geist und führt zur Gedankenkonzentration. Es gleicht einem Saatgedanken, auf den man sich konzentriert, einer Gedankenform, die im Geist erschaffen wird und in den Äther ausstrahlt, um das anzuziehen, was notwendig ist; nicht jene Dinge, die schemenhaft oder unwirklich im Denken erscheinen, sondern jene, die der Seele förderlich sind. Hierin besteht die Kraft des GEISTES für den Geist.

Erwarten Sie von diesem Stein keine Körperheilungen; man verwendet ihn zwar vor allem auf der materiellen Ebene und trotzdem dient er auch der Erweiterung der psychischen Fähigkeiten und der Kraft des Trägers/der Trägerin, falls er richtig benutzt wird. Desweiteren fördert er sein/ihr Verständnis in bezug auf vorgenannte Dinge.
Auf materieller Ebene fördert er die Manifestation jener Dinge, die wichtig sind für das Wohl einer jeden Seele, oder er zieht jene Seele an, die wiederum von Bedeutung für eine andere Seele ist.

Energie

In diesem Stein existiert eine pulsierende Energie, die sich verströmt und wieder zusammenzieht. Jedoch ist das Zusammenziehen der Energie niemals negativer Natur. Sie pulsiert und verursacht einen Rhythmus. Dieser trägt dazu bei, daß die Seele und mit ihr das Universum zu vibrieren beginnt. Dieser Prozeß sollte jedoch nicht als Energetisierung verstanden werden, da das Tigerauge kein Energie ergänzender Stein ist, sondern nur Disharmonien ausgleicht.

Der Ausdruck "unermüdliches Suchen" könnte mit der pulsierenden Schwingung des Tigerauges gleichgesetzt werden, da es beständig seine Schwingung ausdehnt, beständig aufspürt, was herausgefunden werden muß. Dieser Stein kann als aktivierender Stein bezeichnet werden. Er ist gut und positiv, doch auch hart und unerbittlich in seiner Einflußsphäre; er ist für den Geist wichtig, da er zu seiner Aktivierung und Konzentration führt und ihm Kraft verleiht.

Das Tigerauge sollte an einem lockeren Armband den rechten Arm schmücken, mit dem ovalförmigen Stein in der Mitte des Armbandes. Es sollte aus Silber oder Kupfer sein, wobei Silber vorzuziehen wäre. Das Tigerauge darf auch als Ring getragen werden.

Denken Sie über den Stein nach, so vergessen Sie nicht, daß der Mensch stets offen und geschmeidig sein sollte. Er sollte stets auf seine Umgebung achten, damit er die Lektionen der Erde lernt; denn betrachtet er den Stein, wird er feststellen, daß seine Töne und Schattierungen sich ändern, so wie auch sein eigenes Wesen veränderbar ist. Es ist wichtig, sich dessen bewußt zu sein, denn wenn der Mensch seine Mitmenschen betrachtet, bemerkt er, daß deren Stimmungen wechseln. Es ist gut, wenn er dergleichen beobachtet und sich seinen Mitmenschen nur zu gegebener Zeit nähert. Er sollte für ihre Bedürfnisse offen sein, sich ihrer bewußt bleiben und sich gegebenenfalls nach ihnen richten.

Topas

Der Topas ist im allgemeinen goldgelb, doch er kann auch farblos, blaßblau, rosa oder braun auftreten. Obgleich der Topas vom Standpunkt des okkulten Symbolismus als weniger wertvoll als der Diamant, Rubin und Saphir eingeordnet wird, nimmt er doch in der Hierarchie der wertvollen Steine einen sehr hohen Rang ein.

Worin bestehen seine Eigenschaften?

Dieser Stein verfügt über interessante Eigenschaften. Er wirkt auf das Bewußtsein weniger fordernd als der Diamant, da man hier nicht über die extrem reinen, klaren Qualitäten nachdenkt, die der Diamant manifestiert, und die Persönlichkeit durch den gelben Glanz des Topas Beruhigung erfährt.

Spirituelle Eigenschaften

Der Topas besitzt die Qualität des Lichtes, der Freude und der Liebe in seiner Schwingung. Mit ihm übermittelt der Gebende das Geschenk der Liebe an den Empfänger. Er ist ein schwieriger Stein und verfügt trotzdem über große Kraft. Das Licht im Topas wird leicht von einem zum anderen übermittelt, und sogar wenn der Stein trübe ist, verströmt er weiterhin eine zarte Lichtschwingung.

Der Topas ist ebenfalls ein Stein der Freigiebigkeit, des Sich-Verschenkens, und hierin liegt eine wichtige Eigenschaft dieses Steines. Vergegenwärtigen Sie sich stets diesen Aspekt des Topas!

Im Topas ruht verborgen das gesamte spirituelle Potential für den Menschen, da er in diesen Stein hineinzuschauen, ihn zu spüren und mit ihm zu leuchten vermag, wissend, daß das Licht und die ätherischen Qualitäten, die in ihm sind, auch Teil seines eigenen Seins werden können. Er trägt auch dazu bei, daß der Mensch spirituelle Liebe an seine gesamte Umgebung abzugeben imstande ist. Jeder Topas ist Teil der ihm zu eigenen "Kraft des Gebens" auf Erden. Der Mensch freut sich mit dem Stein anstatt sich durch ihn bedrückt zu fühlen. Der Topas ist ein Liebe verströmender Stein.

Heilkräfte

Die Schwingung des Topas bewirkt eine Leichtigkeit des Geistes. Sie regt das Gefühl der Freude und Hoffnung an. Sie bewegt den Menschen, sich der Ähnlichkeit mit seinem Schöpfer bewußt zu werden. Während dieses Prozesses erkennt er, daß er sich eher mit den sanfteren Eigenschaften des Topas vergleicht als mit den härteren des Diamanten. Niemand erwartet, daß der Mensch rein und stets vollkommen sei. Man erblickt die Schwingung des goldenen Lichtes, das dem Sonnenaufgang gleicht und weiß, es besteht Hoffnung, es gibt einen neuen Anfang. Der Topas gleicht ebenfalls den zarten Nebelschleiern des Abends, da er von einem Glanz umgeben ist, der harte Eigenschaften im Menschen in feine, weichere Qualitäten verwandelt. In diesem Stein sind sie eher symbolischer Art, da der Mensch diese Dinge nicht durchdenkt, doch sie erreichen trotzdem sein Bewußtsein, sein gesamtes Wesen.

Das goldene Licht vertieft die Bewußtseinsklarheit. Es führt zur Entspannung der Zellen im Kopf und beseitigt Blockaden. Dies sei vor allem in bezug auf den "Spannungskopfschmerz" gesagt, den der Mensch durch sein eigenes Denken und seine eigene Verkrampftheit verursacht.

Energie

Die Schwingung des Topas wirkt sich sehr segensreich auf seinen Träger/seine Trägerin aus. Ihre Leichtigkeit bewegt den Träger/die Trägerin sich anderen zu öffnen. Der Stein schützt auch vor Depressionen und Schlaflosigkeit. Die Hauptursache von Schlaflosigkeit ist der unruhige Geist, der sich weigert zu ruhen. Der Topas nimmt die minderwertigen Schwingungen dieses Menschen auf und löst sie; er entsendet sie nicht in den Äther. Deswegen wäre es gut, einen Topas-Ring zu tragen, und wenn sie nachts schlafen, sollten Sie die Hand mit dem Ring in der Nähe der Stirn bzw. des dritten Auges ruhen lassen. So befindet sich der Stein näher an der Ursache des Problems und ist imstande, jene Energien zu entziehen, die die Schlaflosigkeit verursachen.

Der Ring sollte so gefertigt sein, daß der Topas über die Fassung hinausragt und auch nicht von anderen Steinen umrahmt wird. Er sollte allein in die Fassung eingebettet sein, damit er auf diese Weise wirken kann. Verwenden wir einen Stein auf diese Art, ist es gut, ihn später zu reinigen oder zu segnen.

Der Topas wirkt am besten auf die höheren Chakras (Brauen- und Scheitel-Chakra), da dies die Bereiche sind, aus denen die meisten der Probleme hervorgehen. Jedoch ist er auch bei anderen Chakras wirksam, da er ihnen die negative Schwingung entzieht, läßt man ihn über sie gleiten. Er entnimmt ebenfalls dem Blut Giftstoffe, das im Bereich der Chakras fließt. Hält man den Topas über eines der Chakras, vermittelt er diesem ein Gefühl von Leichtheit und Freude.

Sie sagen, daß das Brauen- und das Scheitel-Chakra die Ursache vieler Probleme darstellt. Was beinhaltet das?

Da der Mensch sein eigenes Sein, sein Denken, seine Gedanken verhärtet hat, verursacht er damit viele seiner Probleme selbst. Weil er nicht in der Lage ist, zuzuhören, zu lernen oder sich zu öffnen, verschließt er sich vielen Gelegenheiten. Durch diese Haltung zieht er sich viele Krankheiten zu. Obgleich er anderen Menschen erzählt, daß er alles auszuhalten vermag, zittert er doch vor der Aussicht, diese Dinge durchstehen zu müssen. Der Mensch ist sein schlimmster Feind und dergleichen Irrgedanken müssen aufgelöst werden. Die Hypophyse und die Zirbeldrüse stellen zwei Bereiche dar, die die Gedankenverhärtung des Menschen am ehesten empfangen, denn sobald der Mensch sein Denken verhärtet, geschieht dies auch in vorgenannten Bereichen, die dann von einer Hülle eingeschlossen erscheinen. Legt man ihnen den Topas auf, öffnen und entspannen sie sich, die Verkrampfung löst sich und führt zu einer Öffnung ihres Seins, so daß ihre Gedanken neue Wege beschreiten können, neue Denkprozesse einsetzen.

Falls Sie einen Topas aussuchen, sollten Sie den schlichten, gelben Topas wählen. Benutzen Sie ihn auf vorher beschriebene Weise und mit dem Wissen, daß auch die anderen Topase, wie z.B. der rosa- und violettfarbene, über einige der Qualitäten verfügen, doch sie sind nicht so "allumfassend" in ihren Aspekten. Der Zitrin, der dem Topas ähnlich ist, bildet sich dichter an der Erdkruste und verfügt über wenig ausgeprägte Eigenschaften. Dieser Stein sollte nicht mit dem Topas verwechselt werden.

Am wirksamsten ist der Topas, trägt man ihn als Ring an der linken Hand oder als Anhänger über der Thymusdrüse (Herz-Chakra).

Der Geist des Menschen sollte ebenso voller Klarheit und goldglänzend und strahlend sein wie der Topas; das Gold reflektiert das Christuslicht im Menschen. Wenn sich solches vollzieht, wird der Mensch toleranter sein und seine Mitmenschen verstehen. Könnte er in seinem Denken und Handeln schweigsamer sein, wie dies der Fall wäre, würde er über die Qualitäten des Diamanten meditieren, könnte er feststellen, daß er sich mit seinen Mitmenschen besser vertragen und tiefer die Funktion des Geistes verstehen würde.

Der Topas ist weich, und der Mensch muß in seinem Denken und Fühlen Weichheit lernen und in seiner Haltung gegenüber der gesamten Schöpfung, um durchscheinender in seinem Sein zu werden.

Turmalin

Der Turmalin wächst im allgemeinen in hexagonalen Prismakristallen und weist eine der kompliziertesten Zusammensetzungen aller Edelsteine auf. Seine Farben erstrecken sich von einem undurchsichtigen Schwarz über die gesamte Farbskala der klaren Steine.

Besitzt ein Stein mit einer so komplizierten Zusammensetzung großen Wert?

Die Anwendungsmöglichkeiten des Turmalins sind vielfältiger Art, so wie auch seine Farbe. Veränderung ist ein Teilaspekt dieses Steines, da man dadurch flexibler, verständnisvoller wird. Andererseits ist man im Zusammenhang mit anderen Menschen gefühlsmäßig weniger beteiligt und vermag deswegen auch objektiver in Absicht und Urteil zu sein.

Heilkräfte

Der Turmalin beeinflußt den Verdauungstrakt. Man sollte ihn mit großer Vorsicht über dem Solarplexus-Chakra anwenden, da er sonst Durchfälle verursachen kann. Der Turmalin darf nicht leichtfertig und auch nicht von unfähigen Händen benutzt werden. Er hebt und dämpft Schwingungen, rührt Emotionen auf und besänftigt sie wieder. Der Turmalin ist ziemlich veränderlich und bietet vielfältige Anwendungsmöglichkeiten. Aus diesem Grund ist es schwicrig, jene zu beschreiben. Sie werden entdecken, daß jeder Mensch bestimmte Bedürfnisse hat, und es aus diesem Grund für jeden am besten ist, selbst etwas über die Schwingung des Steines herauszufinden oder sich die Information über einen "Kanal" beim Auftreten eines Problemes durchgeben zu lassen. Die Anwendungsmöglichkeiten dieses Steines sind wirklich sehr unterschiedlich, was daran liegt, daß jeder Mensch auf den Turmalin anders reagiert und der Stein selbst breite Anwendungsmöglichkeiten bietet. Grundsätzlich benutzt man ihn zur Behandlung des Verdauungstraktes. Er kann, wie schon erwähnt, Durchfälle verursachen und reinigend wirken; er kann jedoch auch fast eine Verstopfung herbeiführen. Reagiert ein Mensch sensitiv auf den Turmalin, könnte man ihn gewissermaßen wie einen

Stift benutzen, indem man den Turmalin über das Verdauungssystem gleiten läßt.

Energie

Die Farbe des Steines steht in bezug zur Energieschwingung, wobei sich Schwarz ganz am Ende der Skala befindet. Falls einer der Steine zur Verstopfung führt, wäre es der schwarze Turmalin. Weiter oben auf der Skala befindet sich der grüne Turmalin, der eine aufrührende Wirkung zeigt. Der gelbe Stein, der besänftigend wirkt, steht fast an der Spitze der Skala; ganz oben finden wir den blauen und blauvioletten Stein. Letzterer läßt sich besonders für die höher gelegenen Organe des Körpers, wie die Leber oder die Nieren, anwenden. Das Lymph-Zentrum wird ebenfalls durch die Schwingung des Turmalins beeinflußt, doch sollte man hier Vorsicht walten lassen, da die Anregung nur ganz sanft geschehen sollte. In diesem Fall wäre der blaue Stein vorzuziehen, da der gelbe überstimulieren könnte. (1)

Wie auch immer die Farbe des Turmalins sein mag, er sollte nicht am Körper getragen werden.

Das Wesen des Menschen ist so unterschiedlich wie die Farben in diesem Stein. Der Mensch sollte sich darüber in Kontemplation versenken, und er wird sich dabei inmitten der vielen Schattierungen und Farben des Turmalins erkennen. Ihm wird bewußt werden, daß er sich zeitweilig in einem blockier-

---

(1)Das Lymph-Zentrum kontrolliert die Funktion der Milz im physischen Körper, den Bereich, in den die Körperenergie einströmt. Experimente und Versuche mit diesem Stein sollten nicht ermutigt werden. Viele nützliche Informationen wurden bis jetzt von den Meistern mit dem Wissen zurückgehalten, daß es immer jene geben wird, die am Körper eines anderen Menschen experimentieren, was zu Problemen führen könnte.

ten Zustand befindet, in dem der Strom der Liebe nicht mehr richtig von ihm zu anderen fließt. Er wird aber auch feststellen, daß es Zeiten gibt, in denen er wie der offene Strom der Liebe ist und Liebe schenkt.

Oft mag er anderen helfen oder zu ihrer Heilung beitragen wollen, oft möchte er geben und lieben; und doch liegt selbst in diesen Dingen Veränderung, so wie auch seine eigene Stimmung wechselt. All dies spiegelt der Turmalin wider.

Türkis

Unter allen undurchsichtigen Steinen ist der Türkis herausragend, und er ist auf dem Wege, zur Kategorie der wertvollen Steine aufzusteigen. Seine Farbe erstreckt sich von himmelblau bis zu einem apfelgrün, und er wird im allgemeinen in den trockenen Wüstenregionen der Welt gefördert.

Wie würden Sie den Türkis, der so lange von den amerikanischen Indianern verehrt wurde, beschreiben?

Der Türkis ist sehr bedeutend, vor allem für den Menschen, der ihn trägt. Er übernimmt die Charakterzüge des Trägers/der Trägerin und drückt deswegen für ihn oder für sie das Hohe und das Niedere aus, das Gute und das Schlechte, das Richtige und Falsche. Erwirbt man einen Türkis und kann sich mit ihm identifizieren, nimmt der Besitzer/die Besitzerin des Steines die edleren Eigenschaften auf, vor allem, wenn er/sie imstande ist, sich auf die positiveren Aspekte des Lebens einzustimmen.

Geistige Eigenschaften

Der Türkis beinhaltet großes Wissen, er besitzt eine Geschichte voller Größe und Herrlichkeit, obgleich er nicht teuer ist. Die Weisheit liegt eigentlich nicht im Stein, doch er führt dazu, daß weise Menschen ihre Gaben weiterreichen; der Stein verstärkt, was sie sagen, tun oder denken. Er wird durch den Träger/die Trägerin wertvoller, die seine Tiefe aufzunehmen vermögen. Sie werden bemerken, daß nur die, die den Türkis mit königlichen Eigenschaften tragen, das wahre Verständnis der Natur und der Schöpfung besitzen, da sie diejenigen sind, die nach Antworten suchen, nach der grundlegenden Wahrheit forschen. Von ihnen darf man viel erwarten und sie haben die Antworten bereit, verfügen über jene Weisheit, die notwendig ist, in Krisenzeiten zu helfen. Dergleichen mag nicht zutreffend scheinen, da der Türkis zu den Steinen zählt, die heutzutage häufige Verwendung finden, und es viele gibt, die ihn einfach als Schmuck schätzen. Doch obgleich sie ihn leichthin tragen oder sich von seiner Anziehungskraft angezogen fühlen, kommt jene Weisheit zu ihnen, wenn sie lange genug seinem Einfluß ausgesetzt sind. Das den Stein einfassende Silber wirkt sich für den Träger/die Trägerin ebenfalls segensreich aus. Es läßt das Blut die Schwingung des Steines aufnehmen, wodurch sie den gesamten Körper durchdringt. Möge die Anwendung und das Tragen des Türkis gesegnet sein!

Der Türkis ist einer der ältesten Steine, er gehört zu den Steinen, die mehr geschätzt werden als andere; ein Stein, der mit großem Stolz getragen wurde und in vergangener Zeit für den Träger/die Trägerin von Bedeutung war. Man nahm ihn zum Schnitzen, schliff und polierte ihn. Sein Wesen ähnelt sehr dem des Trägers/der Trägerin. Obgleich er von geringerem materiellen Wert ist als andere Steine, besteht zwischen ihm und dem Träger/der Trägerin eine enge Verbundenheit, vergleicht man ihn mit materiell wertvolleren Steinen, dessen Besitzer sie in Tresoren aufbewahren und dazu neigen, "Abstand von ihnen zu nehmen"!

Heilkräfte

Die Heilkräfte des Steines beziehen sich hauptsächlich auf den Träger. Da die Heilschwingungen sich dem Träger/der Trägerin anpassen, eignet sich der Stein zu Heilzwecken für alle Krankheiten, vor allem für die des Mentalkörpers. Doch gilt das nur für diejenigen, die die Gabe des Heilens besitzen. Was die Gabe des Heilens anbetrifft, so dürfte er für alle anderen Menschen wertlos sein.

Um auf bestmögliche Weise zu Heilzwecken verwandt zu werden, sollte er in ein großes Silberarmband gefaßt am linken Handgelenk getragen werden. Dadurch verstärken sich die Heilkräfte des Steines.

Energie

Sein Energiefeld zeigt große Kraft, Vitalität, eine beständig ausströmende Macht. Er beeinflußt den physischen Körper des Trägers/der Trägerin, indem er neutralisierend und ausgleichend wirkt.

Es ist wesentlich, daß sein Träger/seine Trägerin ein friedvolles Wesen besitzen, denn nur bei einem friedvollen Menschen vermag der Türkis die richtige Schwingung zu entwickeln. Er ist ein vitaler, energiereicher Stein mit großer Tiefe. Um für einen bestimmten Träger/eine bestimmte Trägerin hilfreich zu sein, muß er nicht immer die höchste Qualität aufweisen.

Jene, die sich mit ihm identifizieren können, sollten ihn am ehesten verwenden. Wenn sie dabei unter den einzelnen Steinen auswählen und ein Gefühl für einen bestimmten Stein entwickeln, empfiehlt es sich, diesen zu kaufen, wobei es unerheblich ist, wo er gefunden wurde. Selbst geringwertigere Qualitäten sind bedeutungsvoll, wenn Sie darauf ansprechen.

Dieser Stein besitzt ebenfalls eine tiefe, ausgleichende Wirkung. Durch seine Anwendung und indem man über ihn meditiert, beginnt das Leben sinnvoller zu werden. Das liegt nicht allein am Stein, sondern an seiner Schwingung, die den Menschen veranlaßt, anders auf die Umstände des Lebens zu reagieren. Dergleichen vollzieht sich auf sehr subtiler Ebene, und die Veränderung erstreckt sich über einen langen Zeitraum.

Der Türkis beeinflußt die Drüsen über das Willenszentrum des Kehl-Chakras. Halten Sie ihn an das Kehl-Chakra, so verbreitet sich seine Energie über die verschiedenen Drüsen und den Blutkreislauf im ganzen Körper.

Es ist offensichtlich, daß die Welt heutzutage dieses Steines bedarf. Es wäre gut, könnten sich alle Menschen auf den Türkis einstimmen und Frieden finden. Jene, die Holz schnitzen können oder in der Juwelierbranche tätig sind, sollten mit ihm arbeiten, da sie durch ihn ihre Fähigkeiten verbessern. Indem man mit Steinen und Metallen arbeitet, lernt man gewisse Lektionen, und der Türkis gehört hier zu den Grundsteinen. Er lehrt das Schnitzen, lehrt, ein Gefühl dafür zu entwikkeln, wo er hinpaßt. Er lehrt denjenigen, der an ihm arbeitet, sich das Ergebnis vorzustellen.

Er kann auf vielfältige Weise verwandt werden. Man kann ihn zur Raumdekoration benutzen, wobei der Raum durch sein Vorhandensein eine Erhöhung der Schwingung erfährt. Er übt auf den Raum einen bleibenden Einfluß aus; er ist hilfreich für seinen Träger/seine Trägerin, doch es wäre gut, einige Türkise zur Ansicht auszulegen, die vor allem betrachtet werden können; dabei richten die Betrachtenden ihre Liebe auf die Steine, die dann zu ihnen zurückstrahlt.

Zirkon

Der Zirkon ist der "Diamant der Armen", er ist ein Stein, der größere Anerkennung verdient als sie ihm zuteil wird. Er kann rot, braun, gelb sein, aber auch grün und hellblau. Die klare Farbe des Schmuckes wird erzielt, indem man die gelben und braunen Steine mit Hitze behandelt.

Verfügt der Zirkon über positive Eigenschaften?

Er ist ein ruhiger Stein, der dem Menschen Frieden verleiht. Er veranlaßt den Menschen, über seine eigenen Handlungen und sein eigenes Denken nachzusinnen. Seine Eigenschaften sind Leichtigkeit, Frieden, Verbundenheit, Friedfertigkeit; er ist ein Stein der Harmonie.

Heilkräfte

Der Zirkon trägt dazu bei, den Geist zu heilen, ihm Frieden zu bringen und geistige Mäßigkeit, Dinge, die für das physische Auge unsichtbar sind. Dieser Stein verfügt über sanfte und verbindende Eigenschaften, er wird jedoch nicht als dominierender Stein bezeichnet.

Menschen mit einem hitzigen Temperament vermögen zu ihm keinen Bezug zu gewinnen; nur diejenigen mit einem friedfertigen Wesen sind imstande, die dort vorhandene Schönheit und Tiefe zu entdecken, welche sie für ihren eigenen Geistesfrieden aufnehmen. Durch diesen Stein gewinnen sie nicht nur eine bessere Einstellung zu sich selbst, sondern auch zu anderen.

Der Zirkon erweist sich als hilfreich für die Lungenatmung. Ist der Stein groß genug, damit das Licht durch ihn hindurchzufließen vermag, trägt dieses Licht dazu bei, Lungenstauungen zu verhindern oder aufzulösen. Dies gilt jedoch nicht für das Emphysem, sondern eher für Polio (Kinderlähmung) und Tuberkulose.

Dieser Stein sollte auch in Verbindung mit der eisernen Lunge benutzt werden, indem man zwei ziemlich große Steine in die eiserne Lunge legt, durch die das Licht des Universums auf die entblößte Brust des Patienten übertragen wird. Sie bringen Atemerleichterung. Sie lindern, doch sie heben diesen Krankheitszustand nicht auf.

Handelt es sich um einen größeren Stein, trägt man den Zirkon am besten als Anhänger im Brustbereich. Ist es ein kleiner Stein, kann er als Ring an jedem beliebigen Finger getragen werden.
Der Zirkon erinnert den Menschen daran, daß es im Leben noch mehr gibt als das, was er sieht, fühlt und dessen er sich bewußt ist. Er muß lernen, daß er höhere, ätherische Eigenschaften besitzt, wie sie auch in den Steinen enthalten sind. Er sollte dem Frieden und der Weichheit in seinem eigenen Sein folgen. Dergleichen mag manchmal schwierig sein, da er

von der Geschäftigkeit der Welt um ihn herum so sehr eingenommen ist, daß er die “kleine, stille Stimme in sich ” nicht hört. Der Zirkon verfügt über eine zarte Schwingung, die den Menschen daran erinnert, zuzuhören, zu lauschen.

Weniger bekannte Steine

Die auf den folgenden Seiten aufgeführten Steine entstammen aus mehreren Gründen verschiedenen Gruppierungen. In einigen Fällen sind die Energiefelder nicht besonders wichtig; in anderen wiederum haben die Steine nicht direkt mit dem Menschen zu tun, und dann gibt es wieder Steine, die erst weit in der Zukunft Anwendung finden werden und infolgedessen an dieser Stelle ohne Bedeutung sind.
Wichtige Einzelheiten werden in bezug auf ihre Nützlichkeit vermittelt und in einigen Fällen hinsichtlich ihres zukünftigen Potentiales. Vergessen Sie nicht, auch über diese Steine zu lesen, denn was dem einen belanglos vorkommt, mag dem anderen als wichtig erscheinen.

Zitrin

Möge der Käufer/die Käuferin davor bewahrt bleiben, daß man ihm/ihr glaubhaft zu machen versucht, der Zitrin entspreche dem wertvollen Topas. Der Zitrin wird ihm/ihr keinen Nutzen bringen; er/sie sollte wirklich wissen, welchen Stein er/sie erworben hat.

Chrysolit

Die Eigenschaften dieses Steines gleichen denen des Peridots und Olivins; der Unterschied ist nicht wahrnehmbar, er ist äußerst fein. Die Aussagen über den Peridot gelten auch für den Chrysolit.

Fluorit

Der Fluorit strahlt eine Lebhaftigkeit aus, die gut in Verbindung mit anderen Steinen angewandt zu werden vermag. Er öffnet, bereitet den Grund und ebnet den Weg für die Anwendung anderer Steine. Bearbeitet man z.B. Problembereiche in der Nähe des Solarplexus, legt man auf die Behandlungsstelle für ungefähr fünfzehn Minuten einen Fluorit, bevor man mit anderen Steinen weiterbehandelt. Er sollte bei Anwendung auf diese Art vor allem mit roten oder gelben Steinen kombiniert werden, wie z.B. dem Saphir, Topas, mit gelber Jade oder dem Amethyst.

Die Menschheit sollte wissen, daß der Fluorit ein notwendiges Mineral an das Wasser abgibt, das für das Wachstum der Fische gut ist. Er begünstigt ihr Knochenwachstum und verleiht ihnen ein besseres Sehvermögen. Dergleichen gilt vor allem für tropische Fische in Aquarien. Legen Sie einfach einen Fluorit in das Aquarium.

Wie der Fluorit den Weg für die Anwendung anderer Steine bereitet, indem er öffnet, so trägt er auch dazu bei, sich des Einflusses der Menschen, mit denen man Umgang pflegt, bewußt zu sein. Da man sich in der Umgebung einflußreicher oder weniger einflußreicher Freunde befindet, eröffnen diese große Perspektiven oder auch weniger vielversprechende Wege. Wir sind alle eins und Teil eines Ganzen. Es ist erforderlich, daß alle eins werden und auf ein gemeinsames Ziel hinarbeiten, indem wir uns dessen bewußt sind, daß wir, falls wir das Richtige wählen, an ihm teilhaben, und falls wir das Falsche wählen, ebenso in der Verantwortung stehen. Es ist Vorsicht geboten!

Lazulit

Der Lazulit gleicht dem Lapislazuli, doch er besitzt nicht seine tiefgreifenden Eigenschaften. Er besitzt gewisse Heilkräfte, doch er sollte vor allem als Stein verwandt werden, der "den Menschen nicht zur Ruhe kommen läßt", als Stein, den man berührt oder anschaut.

Seine Weiße repräsentiert die Reinheit im Menschen und der Blauton die geistigen Qualitäten, die, eine nach der anderen, dem Menschen tief in Fleisch und Blut übergehen sollten, denn mag der Mensch auch rein sein in seinem Denken, muß er doch in höhere Bereiche erhoben werden, indem er sich erinnert, daß eine gewisse Reinheit auch in ihm enthalten ist.

Viele Menschen mit einem spirituellen Wesen stellen fest, daß auch sie Begierden, Sinnlichkeit und viele der niederen Eigenschaften in sich vereinen und deswegen das Gute leugnen, das sie durchdringt oder das zu ihnen kommt. Der Mensch sollte sich häufiger seines eigenen Neides bewußt sein, der mit seinen spirituellen Seiten einhergeht. Geistiger Stolz ist eines der größten Übel, das im Menschen wohnt und ihn umgibt.

Phenakrit

Der Phenakrit verfügt über die Eigenschaft, die Energie anderer Steine in viele Aspekte zu zerstreuen; er kann sozusagen benutzt werden, um die sie durchdringenden Energien zu zerstreuen. Trotzdem vereinigt er viele Steine, um auf zahlreiche Krankheiten und Probleme gleichzeitig einzuwirken. Er bündelt Schwingungen und verströmt sie als Einheit, indem er Eigenschaften vereinigt und ebenso, falls erforderlich, zer-

streut (so wie eine Tablette viele chemische Bestandteile enthält und sich erst nach der Einnahme auflöst).
Man müßte über ein großes Wissen verfügen, wollte man den Phenakrit in seinem vollen Umfang nutzen. Die Zeit wird kommen, in der er weiter verbreitet und der Mensch imstande sein wird, weitere Anwendungsmöglichkeiten für ihn zu entwickeln. Man sollte nach ihm suchen und große Vorräte von ihm anlegen.

Rhodonit

Der Rhodonit erweist sich als wirksam, wenn man ihn als Puder zermahlt und als Medikament verabreicht. Er schützt die oberen Luftwege. Er beeinflußt auch die Sauerstoffaufnahme in den Lungen und erhöht damit das Atemvolumen. Eine Prise davon genügt. Der Rhodonit verhindert, daß ein Emphysem die Zellen verhärtet. Er stellt in diesem Zusammenhang kein Allheilmittel dar, doch er erhält sie bis zu einem gewissen Grade funktionsfähig. Es wäre gut, wenn sich Apotheker näher mit ihm befassen würden.

Serpentin

Die Zeit wird kommen, wo man Serpentin als Puder zermahlen wird, um es für Maschinen zu benutzen und zum Gegenstand wissenschaftlicher Forschungen zu erheben. Man wird das Puder jedoch nicht als kommerzielles Produkt verwenden, sondern zur Instandhaltung bestimmter Maschinen. Dieser Stein hat seine Wirksamkeit, und seine Zeit wird noch kommen; er birgt ein Potential in sich, das noch der Entdeckung harrt.

Spinell

Der Spinell besitzt ein hohes Energiepotential, er veranlaßt den Menschen, es noch einmal zu versuchen, die Hoffnung nicht aufzugeben, einen weiteren Versuch zu unternehmen.

Er verfügt desweiteren über die Eigenschaft, Energien und die Vitalität zu erneuern, jedoch nicht auf lange Sicht; er wirkt kurzfristig.

Der Spinell beeinflußt den unteren Bereich des Solarplexus und des Kehl-Chakras; er bringt beide in Einklang und bewirkt ihr Öffnen, falls dies nicht schon geschehen ist.

Man sollte diesen Stein weit unten im Brustbereich tragen, ungefähr fünfzehn Zentimeter unterhalb des Kehl-Chakras.

Staurolit

Für jeden Menschen bedeutet dieser Stein etwas anderes. Indem man ihn vor das Stirn-Chakra des einzelnen hält, wird er wissen, wie er diesen Stein anwenden muß.

Der Besitzer/die Besitzerin des Steines sollte ihn in seiner/ihrer Hand halten, damit sich die Schwingung des Steines auf ihn/sie überträgt, und von da an werden sie wissen, daß er persönliche Bedeutung für sie besitzt.

Für jeden Menschen hat das Kreuz eine andere innere Bedeutung. So darf dieser Stein als Talisman benutzt werden, indem man ihm die Schwingungen einprägt, die der Träger/die Trägerin gerne aufrechterhalten würde.

Prisma (vom Menschen geschliffen)

Obgleich das Prisma kein Edelstein ist, besteht es aus Kieselerde und in vielen Fällen aus Quarzkristall. Aufgrund seiner Eigenschaft, Lichtstrahlen zu brechen, die den Prismaeffekt hervorruft, sendet es Energieschwingungen über unser ganzes Seh-Spektrum aus und vermag einzelne Steine zu beeinflussen. Als wir um Information in bezug auf das Prisma baten, kam viel Interessantes – auch Dinge historischer Natur – zutage. Wir glauben, daß diese Ausführungen für viele von großem Interesse sein dürften.

Der Mensch würde gut daran tun, sich eingehender mit der Anwendung des Prismas zu befassen, da er daraus viel lernen könnte.

Das Prisma ruft zahlreiche Veränderungen hervor und bewirkt die vollkommene Entfaltung dessen, was auf es einströmt. Es gleicht in vielem dem Kristall, und trotzdem ist es anderer Natur. Der Mensch sollte sich sein eigenes Wesen als Prisma vorstellen. Er würde gut daran tun, sich alle Veränderungen vor Augen zu führen, die er bewirken und die er seiner Umwelt bringen könnte, wissend, daß er ihr Licht zu verstärken und in viele herrliche Strahlen, Farben und Bilder umzuwandeln vermag, damit jeder Mensch die Entfaltung seiner eigenen inneren Schönheit erlebt. Jeder sollte wissen, wie er/sie seine/ihre Mitmenschen auf diese Weise erheben kann. Der Mensch sollte die Worte und Gedanken anderer annehmen, mit dem Wissen, daß er, indem er seine eigenen Gedanken und Ideen hinzufügt, ihnen große Vielfalt verleiht, sie schöner macht, ihnen eine gebende und liebende Schwingung verleiht. Indem er solches tut, kehren sie zum Aussendenden zurück und strömen von dort wieder zu einem anderen menschlichen Prisma, erneut an Größe gewinnend. Darin liegt die Entfaltung, die Ausweitung der Schöpfung im Menschen.

Es erweist sich als nützlich, das Prisma in einer Meditationsgruppe zu verwenden. Lassen Sie das Prisma um seine eigene Achse rotieren, während ein Lichtstrahl hindurchfällt. Während es sich dreht, kann jeder der Anwesenden an eine der Spektralfarben denken. Jede Farbe ist in einem Gedanken enthalten, und der Gedanke wird dann auf den Körper des zu Heilenden gerichtet. So gelangen die Farben in den Körper, und jede Farbe wirkt auf eine bestimmte Drüse, auf ein bestimmtes Organ, dem sie entspricht, und so kommt es zu vollständiger Ganzheit. Das Prisma ist ein ausgezeichneter Meditationsgegenstand. Die Hauptaufgabe des Prismas liegt darin, dem Menschen zu zeigen, daß alles eins und offenbar wird, wenn es sich ausgleichend miteinander verbindet. Es bewirkt die Vereinigung aller Dinge, die Einheit dessen, das ist. Dergleichen ist nur ein Beispiel und doch weist das Prisma eine größere Klarheit auf als ein Diamant, obgleich viele Menschen vor dem Wert des Diamanten in Ehrfurcht erstarren. Das Prisma steht in bezug zum Durchschnittsmenschen, und er erkennt dadurch seinen Platz im Universum, wenn er sich als einen der Strahlen sieht, die an die Decke geworfen werden.

Das Prisma ist wirksam bei der Arbeit am Mental- und Ätherkörper; wenn diese beeinflußt werden, stellt sich auch eine Wirkung auf den physischen Körper ein. Alle einzelnen Körper des Menschen stehen miteinander in Verbindung, und es können in einem von ihnen Veränderungen auftreten, wenn andere beeinflußt werden, wenn z.B. das Licht des Prismas den Mental- und Ätherkörper durchstrahlt.

Die Wirkung anderer Edelsteine, die zu einem bestimmten Zweck verwandt werden, wird durch das Prisma noch erhöht. Das Prisma erhöht den Wert jedes Steines, und es öffnet den Mental- und Ätherkörper für sein Wirken. Dabei ist es nicht erforderlich, das Prisma in der Hand zu halten, es reicht, daran zu denken, durch es hindurchzudenken und es im Zimmer zu haben. Es wäre gut, das Prisma an einem sonnenbeschienenen Platz im Zimmer stehen zu haben, damit es sein Licht ins Zimmer verströmt, selbst wenn man sich seines Vorhandenseins nicht immer bewußt ist.

Es gibt in den Auseinandersetzungen über "den versunkenen Kontinent Atlantis" Erklärungen und Behauptungen, daß ein Prismatypus existierte, der als Energiestation diente und das entsprechende Gebiet mit Energie versorgte. Möchten Sie darüber etwas sagen?

Das Prisma wurde in großem Umfang benutzt: es diente dazu, die Strahlen der Sonne und die atmosphärischen Bedingungen des Universums nutzbar zu machen. Die Energie strömte auf die Erde ein, sie wurde aufgespalten und auf eine bestimmte Art neu angeordnet, um zu Energiezwecken genutzt zu werden. Das Prisma nahm die Energie auf und leitete sie an einen Generator oder eine vergleichbare Maschine weiter, wo sie gespeichert wurde. Es war imstande, aus dem äußeren Weltraum jene starken Schwingungen anzuziehen, deren es bedarf, um Energie und Kraft zu produzieren. Trafen jene Schwingungen das Prisma, wurden sie in die jeweiligen Formen aufgespalten und fügten sich selbst erneut zusammen, um von der Menschheit genutzt zu werden. Das Prisma stellte eine Lichtkraft dar, die Wesen aus dem Weltraum herbeilockte. Da diese Wesen wußten, wo es stand, wurden sie von seinem Strahl angezogen. Wir müssen noch viel über jenes vergessene Prisma lernen. Denken Sie darüber nach! Wenn es an der Zeit ist und entsprechende Erfordernisse entstehen, wird vieles auftauchen, das seine Anwendung und Notwendigkeit bestätigt.

Wurde jenes Wissen dem heutigen Menschen deswegen vorenthalten, da in früherer Geschichte Mißbrauch mit ihm getrieben wurde?

Das Prisma ist noch nicht wieder entdeckt, noch nicht wieder genutzt worden, es wird also nicht verleugnet. Der Mensch forscht noch nicht in dieser Richtung. Doch wenn die Zeit reif ist, wird man wieder auf das Prisma stoßen. Nach dem Jahr 2000 wird man sich wieder seiner bedienen.

Den Forschern wird sich das Wissen nach und nach offenbaren; viele Quellen müssen zusammenarbeiten, um die Kentnisse darüber erneut zu erlangen. Es wird dem Menschen nicht vorenthalten, doch das Wissen dazu wird sich allmählich einstellen, damit aus ihm eine verbindende und keine trennende Kraft erwächst.

Wenn viele Nationen an dieser Aufgabe arbeiten, kann das Gesamtbild entstehen und das Prisma nicht von einer Nation zum Nachteil anderer benutzt werden; es würde dann nicht nur einer Nation zur Lösung ihrer Probleme zur Verfügung stehen sondern allen.

Das Prisma, von dem Sie sprachen, existiert in Einzelteilen. Dieses Prisma wurde im Laufe der Jahrhunderte durch die wechselnden Erdbewegungen, die Temperaturschwankungen und Klimata und durch die unterirdischen Erschütterungen zerstört. Jene unterirdischen Erschütterungen zwängten es ein, so daß es durch den Erddruck zerbrach.

Gegenwärtig befindet es sich in einer Gegend, die als Bimini Atoll bekannt ist. Wie bereits gesagt, existiert es nicht mehr als Ganzes, doch man würde Einzelteile und größere Stücke finden. Ursprünglich war es ungefähr viereinhalb Meter lang, es wies gleichschenkelige Dreiecke auf, deren Seiten neunzig Zentimeter maßen.

Sie sollten über die Veränderlichkeit des Prismas nachdenken, mit dem Wissen, daß auch der Mensch die auf ihn einströmenden Energien aufzunehmen vermag, wenn er seine Oberfläche glättet und schleift. Jene Energien vermag er dann in edlere oder höhere Energien umzuwandeln und gewinnt aufgrund dessen eine edlere Haltung und Einstellung. Der Mensch sollte das Prisma als Meditationsgegenstand verwenden. Jeder sollte eines bei sich im Hause haben.

Metalle und Erze

Erze und herausgelöste Metalle dürfen wohl als das Wichtigste im Mineralreich betrachtet werden. Im Alltagsleben gibt es wenig, das nicht mit Metall zu tun hat. Schaut man sich nur in einem Raum um, bemerkt man eine Vielfalt von Metallen, die der Mensch zu seinem Nutzen entwickelt hat.

Überall in der Natur gibt es Yin und Yang, das Positive und Negative, auch im Mineralreich. Man nimmt Mineralstoffe über das Gemüse auf oder in Form von Vitaminpräparaten, und es gibt noch andere Möglichkeiten, die für unsere Gesundheit und unser Wohlbefinden notwendig und gut sind, sofern man nicht übertreibt. Eisen, Stahl und andere Metalle dienen zu unserem Schutz, sie verleihen uns Annehmlichkeiten und Sicherheit; Radium und Uran spielen eine wichtige Rolle in der Medizin und Metallurgie. Die gleichen Mineralien vermögen auch als Waffen der Zerstörung die Zivilisation auszulöschen, wie wir wissen. Da es eine alte esoterische Wahrheit ist, daß man "Leben" nicht vernichten kann, sondern nur die Form, wurde dem Menschen die Herrschaft über die drei niederen Naturreiche verliehen. Wir tragen die Verantwortlichkeit, uns dieser Reiche auf die richtige Weise zu bedienen und sie zu fördern, indem wir ihre Ökologie nicht außer acht lassen.

Auf den folgenden Seiten wollen wir darauf hinweisen, was erreicht zu werden vermag und was zukünftig möglich sein könnte, wenn wir uns des Mineralreiches zum Wohle der Menschheit bedienen. Es wurde kein Versuch unternommen, die vielen Erze und Metalle einzubeziehen, die dem Menschen zur Verfügung stehen und deren er sich heute bedient. Wir haben nur jene Metalle in Betracht gezogen, die in Verbindung mit der Schmuckfertigung benutzt werden und einige andere, welche die besondere Aufmerksamkeit des Menschen verdienen.

Zinnober

Der Zinnober weist im allgemeinen eine ziegelrote Farbe auf und ist das Haupterz des Quecksilbers.

Worin liegen die Hauptqualitäten von Zinnober?

Zinnober kann auf vielfache Weise benutzt werden, um verschiedene Lebensbereiche abzudecken. Der Mensch hat sich bereits einen Aspekt des Zinnobers zunutze gemacht, indem er das Quecksilberthermometer entwickelte.

Zinnober besitzt positive Energieschwingungen, die jedoch abweisender Art sind. Er wirkt sich günstig auf materielle Formen aus, doch nicht auf lebende Wesen, wie Menschen, Bäume oder Pflanzen. Er ist positiv für Gegenstände und Materialien wie Zement, Holz oder Stein. TRÄGT MAN IHN ZUM BEISPIEL AUF EINE OBERFLÄCHE AUF, WEIST ER ATOMSTRAHLUNG AB und wirkt sich hier sehr segensreich und schützend aus. In den kommenden Jahren wird sich dergleichen noch zu einer anerkannten Tatsache entwickeln. Man wird ihn mit anderen Materialien vermischen oder kombinieren, um auf diese Weise einen Schutzanstrich zu erhalten. Bestreicht man damit Zement oder Beton, schützt dieser Anstrich vor Strahlung. Zinnober zeigt auch eine direkte Wirkung auf den Ätherkörper des Menschen, da er den Solarplexus und das Herz-Zentrum direkt beeinflußt. Zinnober besitzt ein Kraftfeld, das beide Chakras anregt. Zinnober (oder Quecksilber) würde man niemals zu einem Ring oder anderem Schmuckstück verarbeiten, doch hält man ihn in einem Behälter über den Solarplexus und das Herz-Chakra, regt es diese Bereiche an. Zinnober sollte nicht zu oft und unmittelbar benutzt werden, da er auf beide Bereiche eine kraftvolle Wirkung ausübt und jede übermäßige Anregung genauso von Übel ist wie eine Unterfunktion.

Zinnober gehört zu den häufig vorkommenden Rohstoffen auf der Erde, und trotzdem ist es wichtig, auch ihnen Beachtung zu schenken, damit der Mensch einen besseren Bezug zu ihnen herzustellen vermag und in seiner (großen Verbreitung) bemerkt, daß auch er so ungewöhnlich ist wie diese Elemente.
Seien Sie sich auch bewußt, daß überreichliche Vorkommen nicht mit mangelndem Wert einhergehen. Überreichliches Vorhandensein bedeutet nur, daß besagtes Material auf vielfältige Weise eingesetzt zu werden vermag. Da Zinnober auf der Erde so reichlich vorhanden ist, besteht Bedarf dafür, was sich noch in Zukunft offenbaren wird. Achtet gut auf alles in Fülle Vorhandene!

Kupfer

Kupfer wird aus ungefähr sieben verschiedenen Erzen gewonnen und stellte eines der ersten Metalle dar, das vom Menschen der Frühzeit benutzt wurde.

Worin liegen die Haupteigenschaften von Kupfer?

Wie andere Metalle so verfügt auch Kupfer über die Fähigkeit, dem Körper Giftstoffe zu entziehen. Es kann für einige Menschen hilfreich sein, doch nur, wenn sie dieses Metalles bedürfen. Nicht alle ziehen einen Nutzen aus seiner Anwendung, doch wenn jemand Kupfer benötigt, gibt es keine andere Kraft auf der Erde, die dem Körper bestimmte Giftstoffe zu entziehen vermag als Kupfer. Sollte es zu einem Manganüberschuß im Körper kommen, kann nur Kupfer dieses Mineral aus dem Körper entfernen. Das will jedoch nicht heißen, daß *nur* Kupfer dem Körper Mangan entziehen kann. Die richtige Anwendung von Körpersalzen vermag das Mineral über das exkretorische System zur Ausscheidung zu bringen; Kupfer entfernt es über die Poren der Haut. Obgleich Mangan ein notwendiges Mineral im physischen Körper darstellt, gibt es viele Menschen, die nur sehr geringe Spuren davon vertragen, da sie nicht imstande sind, ein Zuviel davon auszuscheiden. Hier bietet Kupfer eine wirksame Möglichkeit, den Überschuß an Mangan dem Körper zu entziehen.

Wenn Sie ein Kupferarmband benutzen, können Sie herausfinden, ob Ihr Körper zuviel Mangan enthält. Unter dem Armband wird sich ein brennendes Gefühl einstellen, und falls dies der Fall ist, können Sie das Armband drei bis vier Tage tragen und es für den gleichen Zeitraum ablegen. Damit fahren sie fort, bis das brennende Gefühl nicht mehr spürbar ist. Baden Sie das Handgelenk in einer Backpulverlösung, nachdem Sie das Armband entfernt haben, damit durch die Lösung die ausgeschiedenen Rückstände neutralisiert werden. Kupferschmuck sollte nicht unbegrenzt getragen werden.

Bleiglanz

Bleiglanz ist ein silbergraues Erz, das schon lange bei der Herstellung von Radiogeräten mit Frequenzkontrolle benutzt wird.

Gibt es für dieses Metall weitere Verwendungsmöglichkeiten, die noch nicht entdeckt worden sind?

Bleiglanz stellt ein Metall mit hoher Rezeptivität und einer mikroskopischen Stärke dar. Man verwendet es nicht zur Gesunderhaltung des Menschen, doch es eignet sich hervorragend zur materiellen Anwendung. In Zukunft wird man Bleiglanz in größerem Umfange einsetzen, da jede Pore des Metalles eine gewisse Rezeptivität besitzt. Man wird feststellen, daß man bei richtiger Handhabung entweder in die Vergangenheit oder die Zukunft zu schauen vermag. Bleiglanz ist ein sensitives Metall von hoher Empfänglichkeit.

Man wird in Zukunft entdecken, daß Bleiglanz sogar die Schwingungen des menschlichen Gehirns aufzunehmen vermag und zur Gedankenübermittlung verwandt werden kann. Man sollte mit diesen Dingen nicht leichtsinnig und verantwortungslos umgehen, doch bedient man sich dessen auf verantwortungsvolle Weise, wird man damit Menschen mit mentalen Störungen helfen können, da man damit ihre wahren Gedanken und Gefühle zu erkennen vermag. Hierfür wird man drei verschiedene Metallarten in dem Draht verbinden, der wiederum mit dem Bleiglanz verbunden ist. Wir sprechen in diesem Zusammenhang von Titan, Nickel und Synopium. Synopium wird als eine Verbindung von Metallen erkannt werden.

Oben genannte Technik kann nicht über weite Entfernungen benutzt werden. Kleinste Energiepartikel werden vom Bleiglanz abgegeben, die sich auf diejenigen einstellen, die mit der Anlage arbeiten und auf die sich in der Nähe Befindenden. Wenn das Instrument fertiggestellt ist, wird man mit seiner Hilfe die Wellenlänge des Menschen messen können, der unter mentalen Störungen leidet; man wird in seine Gedankenwelt eindringen und seine Gedanken übertragen können. Jedoch verfügt Bleiglanz über keinerlei Eigenschaften, die seine Anwendung zur Heilung erlauben. Es kann empfangen, konservieren und abgeben, doch es ändert die empfangenen Schwingungen nicht.

Bleiglanz läßt sich auch wirksam bei der Auffindung von Krankheiten verwenden. Auch hier kommt die Zeit und der Mensch wird sich dieses Metalles bedienen, um erkrankte Bereiche im Körper aufzuspüren. Man wird dieses Instrument etwa wie einen "Geigerzähler" oder Metalldetektor verwenden, es wird fünf Zentimeter lang sein und ungefähr wie ein Stift aussehen, der über den Körper des Menschen hinwegbewegt wird. Das Instrument wird empfindliche Drähte in seinem Inneren beherbergen, die mit dem Bleiglanz verbunden sind. Mit Hilfe von unterschiedlichen Schwingungstönen, die dieses Instrument hervorbringt, wird man feststellen, wo der Krankheitsherd liegt; Krankheitsherde werden einen gleichklingenden Ton hervorbringen.

Man kann Bleiglanz auf vielfache Art verwenden, und es wird etliche Jahre dauern, um die Anwendungsmöglichkeiten weiterzuentwickeln. Die Zeit dieses Metalles wird noch kommen. Der Mensch sollte beginnen, sich mit den Edelsteinen und Erzen gleichzusetzen. Befaßt er sich mit ihnen und untersucht sie in allen Einzelheiten, wird er eher imstande sein, die Gesamtfunktion seines Geistes und Körpers zu verstehen. Der Mensch muß sich bewußt werden, daß er dem Universum, den Sternen und Planeten gleicht; er ist auch wie jeder Teil der Erde, und wenn er die Unreinheiten, die Irrtümer, die Schwächen und Stärken aller Dinge auf Erden erkennt, weiß er, daß sie auch in seinem eigenen Sein enthalten sind. Der Mensch war so klug herauszufinden, daß seine Augen wie eine Kamera funktionieren und sein Hirn wie ein Computer, doch er müßte lernen, daß es diese Dinge schon lange auf der Erde gab, noch bevor jene technische Erfindung und Geräte existierten, die ihn heutzutage umgeben. Letztere resultieren nur aus Erstgenanntem. Der Mensch muß sich dessen bewußt werden, daß er für Gedanken und Gefühle genauso empfänglich ist wie dieser kleine Stein, so wie auch Pflanzen für die Gedanken und Gefühle des Menschen sich empfänglich zeigen. Er sollte desweiteren wissen, daß er mit seinen Gedanken, Gefühlen und Handlungen alles auf der Erde beeinflußt. Er sollte sich seiner Handlungen, Gedanken und seines eigenen Seins bewußter sein; er sollte sich auch darüber klar werden, daß alle Zellen seines Körpers Sender und Empfänger für die vielen positiven und negativen Energien darstellen, die um ihn herum spürbar sind. Er nimmt alle Schwingungsraten der Welt in sein eigenes Sein auf und gleicht in diesem Zusammenhang dem Bleiglanz.

Bleiglanz gehört zu den vielen Dingen, die geringwertig erscheinen, jedoch von höchstem Wert für die Menschheit sind, so wie auch Körperteile, die geringwertig erscheinen, oft die höchsten Aufgaben verrichten. Jene Arbeiten, die minderwertig erscheinen, erweisen sich als überaus wesentlich; denken wir dabei nur an die Menschen, die auf dem Ernährungs- und

Nahrungssektor tätig sind, an die, die in Krankenhäusern arbeiten und die einfachen und unangenehmen Arbeiten verrichten. Hierin liegt das Wesentliche, obgleich es Menschen gibt, die wie der Gehirnchirurg und andere höher Ausgebildete eine Arbeit tun, die höherer Natur zu sein scheint. Man muß lernen, alles vom richtigen Standpunkt aus zu betrachten. Steine lehren uns etwas über den Standpunkt und darüber, wo ihr Platz im Universum sich befindet.

Gold

Gold gehört zu den vorherrschenden Metallen in bezug auf Edelsteine und Schmuck.
Gibt es hierfür einen besonderen Grund?

Gold besitzt einen großen Wert, da es ein Metall ist, das einen großen Reinheitsgrad aufweist. Jedoch sollten Sie wissen, daß es immer große Unreinheiten aufnimmt und hierin gleicht der Mensch dem Gold. Wird es einem Reinigungsprozeß unterworfen, wird es noch wertvoller, und auch hier finden wir Parallelen zum Menschen, denn wenn dieser beständige Reinigung erfährt, ist auch er in seinem Wirkungsbereich und Arbeitsfeld wertvoller.

Seine besonderen Eigenschaften bestehen darin, daß es sich schmelzen und formen läßt, sich allen anderen Dingen anzupassen vermag. Es handelt sich um ein Metall, das man zu komplizierten Entwürfen verarbeiten kann, wobei es für Steine oder andere Materialien stets eine feste Fassung bildet. Je höher der Reinheitsgrad von Gold ist, um so weicher ist es. So ist es auch mit dem Menschen. Wenn sein Wesen am reinsten ist, ist es für äußere Einflüsse am anfälligsten und empfindlichsten. Metalle weisen eine Durchlässigkeit auf, die Schwingungen anziehen, und infolgedessen geben sie kaum Schwingungen ab. Steine und Edelsteine beleben, energetisieren, doch Metalle nehmen Schwingungen auf oder behalten sie in sich. Aufgrund dessen wird Gold weitgehend zusammen mit Edelsteinen verarbeitet, da das Metall Schwingungen anzieht und in sich behält, die durch die Edelsteine wieder abgegeben werden, wobei jedoch das Gold auf die Edelsteine einen dauerhaften Einfluß ausübt. Da Edelsteine eine eigene Schwingungsrate besitzen, erhält das Metall diese Schwingung, die wiederum auf den Körper einwirkt. Gold vermag dem Körper oft negative Kräfte zu entziehen, während es gleichzeitig die positivie Kraft des Steines aufrechterhält, sozusagen ausgleichend wirkt.

Gold wird gewöhnlich gereinigt, damit es an Wert gewinnt; Goldklumpen stellen für das Auge keine Schönheit dar. Wenn es jedoch poliert und bearbeitet wird und seine Unreinheiten entfernt sind, offenbart sich seine Schönheit. Darüber sollte der Mensch nachdenken, da dies auch für sein eigenes Leben gilt; er sollte die Unreinheiten in seinem Sein entfernen, damit die Schönheit sich offenbaren kann.

Magneteisenstein

Magneteisenstein ist ein dauerhaft magnetisierter Stein, der im Verlaufe der Jahrhunderte als Amulett getragen wurde.

Bietet dieser Stein bedeutende Anwendungsmöglichkeiten?

Der Magneteisenstein bewegt den Menschen zu Gedankenflügen, auf daß er seine Gedanken in den Weltraum, in das Universum aussende. Obgleich der Magneteisenstein über keine erwähnenswerten Eigenschaften verfügt, so vermag er doch als Sender zu dienen. Er kann bis zu einem gewissen Grade den Geist des Menschen von der Schwere des Körpers befreien, eignet sich jedoch nicht für Astralreisen oder ähnliches. Er wirkt allein auf mentaler Ebene, indem er den Mentalkörper an ferne Orte versetzt.

Magneteisenstein beeinflußt desweiteren den unteren Lungen-und Rippenbereich, er ruft Wärme oder Energien hervor, die denen von Röntgenstrahlen gleichen. Er ist hilfreich bei der Behandlung von lungenentzündungsähnlichen Zuständen oder von Lungenstauung. Beim Krankheitszustand des Emphysems ist sein Einfluß gering, doch er hat eine positive Wirkung auf die Lungen. Er bewirkt eine gewisse Anregung, wie das auch bei Wärmebehandlungen der Fall ist.

Im Fall von Lungenentzündung fördert er auf subtile Weise die Funktion der Körperzellen. Er hat keine schnelle Wirkung und wirkt nicht derart, daß der Körper es spüren würde. Für die Behandlung der Lunge benötigt man zwei Stücke Magneteisenstein, die man über beide Lungen etwa zwanzig Zentimeter über den Oberkörper hält; dabei lenkt man die Energien auf den unteren Rippenbereich. Eine solche Behandlung steigert die Funktion der Blutgefäße und Körperzellen. Eine allmähliche Anregung führt zur Blutreinigung. Diese Methode hat sich auch bei der Behandlung von Tuberkulose als nützlich erwiesen, falls sie täglich angewandt wird. Sie zeigt keine sichtbare Wirkung, doch sie hilft. Magneteisenstein besitzt eine Affinität zum Öl und kann zur Auffindung von Ölvorkommen benutzt werden. Er ist jedoch nur in den Händen eines Menschen mit edlen Absichten wirksam, in den Händen anderer wäre er nutzlos. Die entsprechende Technik oder Methode wird dem Menschen verfügbar werden, wenn er erkennt, welchen Schaden er durch seine materielle Gier verursacht, und er statt dessen sein Wissen für das Gemeinwohl einsetzt.

Silber

Silber ist als Schmuck sehr beliebt und wurde auf der ganzen Welt als Tauschmittel benutzt.

Worin bestehen die Haupteigenschaften von Silber, die der Mensch kennen sollte?

Silber ist nicht so edel wie Gold und bedarf nicht der gleichen Bearbeitung. Es ist rein in seinem eigenen Sinn und vermag viele der niederen Schwingungen anzuziehen. (Es verfügt über größere physische Eigenschaften, während Gold stärkere spirituelle oder ätherische Qualitäten aufweist.)
Silber zieht die physischen oder niederen Qualitäten an; gleichzeitig wird Silber den Männern und Gold den Frauen zugeordnet.
Silber besitzt Kraft und solide Eigenschaften. Es hat einen geringeren materiellen Wert, und doch ist es stark in seinem Wesen. Von allen Metallen haben Gold und Silber die größte Bedeutung. Sie sind zwei Metalle, die dazu ausersehen sind, Teil der Vergangenheit und Teil der Zukunft zu sein. Sie werden feststellen, daß sie immer auf die eine oder andere Weise zum Menschen zurückkehren.

Zusammenfassung

Nachdem das gesamte Material vollständig war, erhob sich noch eine letzte Frage: "Gibt es noch weitere Informationen oder Ausführungen, bevor wir zum Abschluß kommen?" Die Antwort stellte keine Überraschung dar: Dieses Buch wird zu Auseinandersetzungen und Meinungsverschiedenheiten führen, was jedoch kein Problem bedeutet, da aufgrund dieses Buches viel Gutes für die Menschheit entstehen wird. Lassen Sie sich von den Dingen, die als negativer Report zurückkommen, nicht nervös machen und verwirren, sondern wissen Sie, daß viel Gutes geschehen wird.

Wann immer neue Wege beschritten werden, gibt es Menschen, die das Neue nicht gelten lassen. Dies erscheint negativ, ist es jedoch nicht. Innerhalb unseres höheren Bewußtseins, unseres "Christus-Selbst" sind wir eins mit Gott. Nur wenn wir auf den niederen Lichtschwingungen unseren Ausdruck finden, zeigen wir Bewußtseinsaspekte, die in festumrissener Wechselwirkung zueinander stehen. Wenn diese Aspekte Vervollkommnung erfahren, sind sie mit jenen Seiten vergleichbar, die die Seele bewältigt hat. Die katalytische Wirkung zwischen den Seelen führt zu innerem Wachstum, Verstehen und innerem Einklang miteinander.

Welches sind diese Aspekte? Es gibt hier viele und sie sind sehr verschieden. Denken wir z.B. an die zwölf Apostel im Neuen Testament der Bibel, von denen jeder einen Aspekt der Seele repräsentiert, der gemeistert werden sollte, bevor die Seele sich höheren Ebenen zuwenden kann.

Thomas Didymus oder "der ungläubige Thomas" ist ein gutes Beispiel dafür. Christus erschien nach seiner Kreuzigung in Golgotha in seinem Auferstehungskörper vor den Aposteln. Da der ungläubige Thomas Schwierigkeiten hatte, an die Wahrheit des "Weiterlebens" zu glauben, streckte er seine Hand aus, um den auferstandenen Christus zu berühren, um sicherzustellen, daß er nicht träumte. Jene, die mit den esoterischen Einzelheiten der Bibel vertraut sind, wissen, daß Thomas einen Aspekt unseres eigenen "Christus-Bewußtseins" repräsentiert, der der Meisterung bedarf; d.h. wir sollten nicht blindlings, in blindem Glauben etwas akzeptieren, sondern uns statt dessen aufmachen, selbst die Wahrheit zu finden. Wir sollten in unser "Christus-Bewußtsein" hinabtauchen, um herauszufinden, ob wir etwas annehmen oder ablehnen.

An jeder neuen Idee zu zweifeln, ohne ihren Wert und ihre Gültigkeit zu prüfen, ist negativ, ist ein Zeichen, daß der Mensch diesen Aspekt seiner Seele nicht gemeistert hat. Das gleiche gilt jedoch auch für jene, die in blindem Glauben Ideen und Dogmen annehmen. Die Suche nach Wahrheit stellt eine positive und erforderliche Handlung dar; die Annahme einer Doktrin oder von Feststellungen, ohne sie auf ihre Gültigkeit hin zu überprüfen, endet schließlich mit einer Enttäuschung und in einigen Fällen mit dem Verlust des Glaubens – eine sehr negative Folge.

Die Ausführungen in diesem Buch stammen von Meistern höherer Bewußtseinsebenen, mit denen wir gegenwärtig nicht in Einklang stehen. Diese Information wurde uns nicht zur Verherrlichung der Meister oder der Übermittlerin der Botschaften gegeben, sondern um der Menschheit zu helfen, eine

Seite des Mineralreiches besser zu verstehen und sie besser zu nutzen, und um jene Informationen zu ihrem eigenen inneren Wachstum anzuwenden und zur Förderung des inneren Wachstums unserer Mitmenschen. Es gibt viel "brachliegendes Land", das die Wissenschaft bearbeiten könnte, nachdem sie das "Thomas-Syndrom" gemeistert hat. Die Forschungsarbeit in bezug auf Bleiglanz, Quecksilber, Sardonyx und weitere Edelsteine würde Informationen ans Tageslicht bringen, die für die Menschheit der Zukunft von großem Wert sein könnten.

Da wir uns dem Zeitalter atomarer Rüstung in vielen Ländern nähern, das auf die prophetische Zerstörung der Menschheit durch Feuer hinweist, wäre es dann nicht sinnvoll, wenn wir uns in den kommenden Jahren der Erforschung über die Anwendung von Quecksilber zuwenden (wie sie von den Meistern aufgezeigt wurde)? Sobald dies bewiesen und entwickelt würde, hätten wir nicht Grund genug, andere Aspekte, von denen hier die Rede war, zu untersuchen? Selbst jene, die wissenschaftlich weniger begabt sind, werden sich zu vorgenannten Dingen Fragen stellen, da sie neu oder "unverständlich" für sie sind. Wir bitten auch Sie, nach Antworten zu suchen.

Fast jeder besitzt einen Edelstein, ein Schmuckstück, einen Talisman, den er gerne mag. Indem Sie einzelne Steine prüfen und tragen, versuchen Sie herauszufinden, ob Sie Unterschiede zwischen ihnen bemerken. Es gibt viele Menschen, die auf das aurische Feld der Steine sehr sensitiv reagieren und die bestimmte Gefühle und Emotionen bestätigen können, wenn sie gewisse Steine tragen, während es andere gibt, die nichts bemerken und verspüren. Was letztere anbetrifft, vermögen wir nur zu sagen, daß sie sich wahrscheinlich gegenwärtig auf anderen Bewußtseinsebenen befinden. Dergleichen ist auch kein Hinweis darauf, daß die vorliegende Information wenig Gültigkeit besitzt; vielleicht reagieren Sie unbewußt auf die Steine. Versuchen Sie, das Bewußtsein von Thomas Didymus zu entwickeln und die Wahrheit auf eigene Weise zu entdecken.

Weiterhin wollen wir uns mit einer anderen Seite Ihres "Seelenbewußtseins" befassen, der diejenigen Aufmerksamkeit schenken sollten, die "höhere Wege" beschreiten. Es mag viele geben, die dieses Buch lesen, die Wahrheit erkennen und annehmen werden, doch wenn jemand ihrer Freunde sie diesbezüglich befragen würde, würden sie leugnen, daß sie den Inhalt als Wahrheit akzeptieren. Jedes Mal, wenn man Sie zu etwas befragt, an das Sie glauben und Sie verleugnen Ihren Glauben, manifestieren Sie den negativen Aspekt des "Petrus-Syndromes", wie es genannt wird. Diese Seite der Seele wurde anschaulich vom Apostel "Simon Petrus" dargestellt. Während des "letzten Abendmahles" wandte sich Christus zu Petrus und sprach: „Petrus, bevor der Hahn zweimal kräht, wirst du mich dreimal verraten haben." Denken Sie über diese Worte nach, da sie eine esoterische Feststellung innerhalb eines traumatischen, physischen Dramas darstellen, das sehr klar auf eine wichtige Seite der Seele hindeutet, die gemeistert werden muß. Wann kräht der Hahn? In der Morgendämmerung, was Erleuchtung symbolisiert, Erleuchtung des "Christus-Bewußtseins" der Seele. Hiermit sei vor allem mit dem notwendigen Verständnis gesagt, daß Sie die Wahrheit in sich, Ihr eigenes Christus-Sein im Physischen, Emotionalen und Mentalen verleugnen, bis zu dem Tag, an dem Sie erleuchtet werden und erkennen, daß der Christus-Geist in Ihnen ist, so wie er es in Jesus war. WIR SIND EINS! An diesem Punkt Ihres Lebens werden Sie aufrecht stehen und sich für das einsetzen, an das Sie glauben, sei es das "ewige Leben", eine Ideologie, eine Überzeugung oder den Glauben an eine bestimmte Sache. Wenn Sie imstande sind, die "einfache, braune Verpackung" des Buches unter Ihrem Arm zu entfernen, ihrer nicht mehr bedürfen, dann wissen Sie, daß Sie dabei sind, eine weitere Seite Ihrer Seele zu meistern.

Es gibt Menschen, die dieses Buch lesen werden und noch nie etwas von den sieben Haupt-Chakras gehört haben, von den vier niederen Körpern der Seele, den sieben Strahlen oder von anderen esoterischen Dingen und die doch auf der physischen Ebene einen guten Bezug zu Edelsteinen haben.
Wenn Sie zu ihnen gehören, dann haben wir eine Bitte an Sie. Denken Sie an die drei Anweisungen im Neuen Testament: 1. Bittet, und man wird euch geben. 2. Suchet, und ihr werdet finden. 3. Klopfet an, und man wird euch öffnen. Nehmt dergleichen in euer Bewußtsein auf und beginnt, nach der Antwort zu suchen; forscht nach der Wahrheit, indem Ihr einen Menschen befragt, ein Buch lest, euch einer Gruppe anschließt, meditiert, usw. Wenn sich Fragen ergeben, stellen sich die Antworten ein, die Tür öffnet sich, nachdem das Klopfen gehört wurde, und wo ihr suchet, werdet ihr finden. Und nachdem alles gesagt und getan wurde, nachdem Zeitalter vergangen sind, werdet ihr sicher wissen, daß wir alle EINS sind; jeder Mensch die lebende Manifestation und der einzigartige Ausdruck Gottes ist.
Mögen Licht und Liebe, Friede und Verstehen mit euch sein, in jedem Augenblick eures Daseins auf der Reise nach Hause.

Anhang

Durch die Tradition verfügen wir über Geburtssteine, die dem Monat entsprechen, in dem ein Mensch geboren wurde. Obgleich die Steine willkürlich gewählt zu sein scheinen, gab es für ihre Auswahl doch esoterische Gründe, doch dieser Auswahlstandpunkt geht auf die Astrologie und entsprechende Energiefelder zurück, und er soll hier nicht weiter erklärt werden. Die einzelnen Steine sollen zur Information nur erwähnt werden.

Steinzuordnungen nach dem Monat
Geburtssteine

Januar	Granat
Februar	Amethyst
März	Heliotrop und Aquamarin
April	Diamant
Mai	Smaragd
Juni	Perle, Alexandrit und Mondstein
Juli	Rubin
August	Sardonyx und Peridot
September	Saphir
Oktober	Opal und Turmalin
November	Topas
Dezember	Türkis und Zirkon

Man hat die Geburtssteine auch in Bezug zum Tierkreis gesetzt und ihre Anordnung lautet wie folgt:

Stein	*Tierkreiszeichen*	*Zeitraum*
Granat	Wassermann	20.Jan. – 18.Febr.
Amethyst	Fische	19.Febr. – 20.März
Heliotrop	Widder	21.März – 20.April
Saphir	Stier	21.April – 21.Mai
Achat	Zwilling	22.Mai – 21.Juni
Smaragd	Krebs	22.Juni – 22.Juli
Onyx	Löwe	23.Juli – 22.Aug.
Karneol	Jungfrau	23.Aug. – 21.Sept.
Peridot	Waage	22.Sept. – 22.Okt.
Aquamarin	Skorpion	23.Okt. – 21.Nov.
Topas	Schütze	22.Nov. – 20.Dez.
Rubin	Steinbock	21.Dez. – 19.Jan.

Einen ähnlichen Gedanken hinsichtlich der zwölf Steine findet man bei den jüdischen Kabbalisten, demgemäß die Steine mystische Macht besaßen, wenn man bestimmte Anagramme in sie eingravierte. Wir finden hier folgende Gruppierung:

Rubin-Malchedial	Saphir-Herchel	Amethyst-Adnachiel
Topas-Asmodel	Diamant-Humatiel	Beryll-Humiel
Karbunkel-Ambriel	Hyazinth-Zuriel	Onyx-Gabriel
Smaragd-Muriel	Achat-Barbiel	Jaspis-Barchiel

Selbst die Apostel brachte man mit den Steinen in Zusammenhang. Wenn Sie erkennen, daß jeder der Apostel in esoterischer Hinsicht eine Seite der Seele symbolisiert, die der Meisterung bedarf, werden Sie imstande sein, die Steine zum Tierkreiszeichen in Beziehung zu setzen und wissen, welchen

Aspekt der Seele jeder Apostel darstellte. Es gibt keinen Stein für Judas (den Verräter), doch läßt sich dies vom Prozeß der Auslöschung herleiten. Der wahre Sucher sollte an der Gültigkeit der Rolle des Judas nicht zweifeln. Jeder von uns verrät viele Male sein höheres Selbst, sein Christus-Bewußtsein, durch Ehebruch, Falschheit, Täuschung, Betrug usw. bis letztendlich dieser Aspekt unseres Bewußtseins gemeistert oder "ausgelöscht" ist.

Jaspis	Petrus
Smaragd	Johannes
Beryll	Thomas
Granat	Simon
Saphir	Andreas
Sardonyx	Philippus
Chrysopras	Thaddäus
Amethyst	Matthias
Chalcedon	Jakobus
Karneol	Matthäus
Topas	Jakobus d. J.
?	Judas Ischariot

Beziehungen zwischen Steinen, Planeten und Farbstrahlen:

Stein	*Planet*	*Farbstrahl*	*Kristallstruktur*	*Wertung*
Achat	Erde	Blau-türkis	trigonal	++
Amethyst	Pluto	violett	trigonal	++++
Aquamarin	Neptun	grün	hexagonal	++
Azurit	Neptun	blau	monoklinisch	+
Beryll	Mond	milchweiß	hexagonal	+
Heliotrop	Mars	rot-orange	trigonal	+++
Karneol	Saturnmond	orange	trigonal	++
Chalcedon	Mond	blaßblau	trigonal	+++
Chrysoberyll	Venus	rosa	orthorhombisch	++
Koralle	Neptun	rein weiß		+
Kristall (Quarz)	Saturn-Neptun	aquamarin	trigonal	+++
Diamant	Neptun	weiß	kubisch	+++
Smaragd	Mond	grün	hexagonal	+++
Granat	Merkur	gelb	kubisch	++++
Jade	Jupiter-Pluto	grün	monoklinisch	+++
Jaspis	Mars	rot	trigonal	+
Kunzit	Pluto	purpur	monoklinisch	+
Lapislazuli	Mond	weiß	kubisch	++++
Malachit	Venus	dkl-grün	monoklinisch	+
Mondstein	Venus, Neptun, Mond	blaßblau	monoklinisch	+
Onyx	Mars	rot	trigonal	+++
Opal	Neptun	grün	amorph	+
Perle	Venus	weiß	organisch	++
Peridot	Polaris (Nordstern)	grün	orthorhombisch	++
Rubin	Noele (neuer Planet)	rot	trigonal	++

Stein	*Planet*	*Farbstrahl*	*Kristallstruktur*	*Wertung*
Saphir	Venus	blau	trigonal	+++
Sardonyx	Mars	dkl.-grün	trigonal	++
Spinell	Pluto & Neptun	blau-grün	kubisch	++
Tigerauge	Saturn	orange	trigonal	++++
Topas	Venus	gelb-grün	orthorhombisch	+++
Turmalin	Neptun	blaßgrün	trigonal	+
Türkis	Jupiter	gelb	triklinisch	++++
Zirkon	Pluto	smaragdgr.	tetragonal	+

Die "Bewertung" eines Steines erfolgte willkürlich und gründet sich auf den Wert der Information, welche von der "Vermittlerin" erhalten wurde. Man weiß, daß jeder Mensch Prioritäten setzt, gewisse Dinge bevorzugt, was wiederum den eigenen Erfordernissen, Vorlieben und Abneigungen entspricht. Vorgenannte Tabelle wurde allein für jene erstellt, die keine besondere Vorliebe für einen bestimmten Stein zeigen, die jedoch gerne Edelsteine oder Halbedelsteine nach vorgenannter Bewertung erwerben oder tragen möchten.

Bei unserer Arbeit ergab sich noch eine weitere Gruppierung, die für den Esoteriker von besonderem Interesse sein mag.

Kristallstruktur	*Farbstrahl*	*Chakra*
Kubisch	Blau	Sakral-Chakra
Hexagonal	Grün	Solarplexus-Chakra
Tetragonal	Rosa	Herz-Chakra
Orthorhombisch	Orange	Kehl-Chakra
Monoklinisch	Blau-violett	Stirn-Chakra (Drittes Auge)
Triklinisch	Gelb	Scheitel-Chakra
Trigonal	Rot	Basis-Chakra

Es gibt viele Möglichkeiten, Edelsteine zu erwerben. Es sei empfohlen, daß diejenigen, die nach "wertvollen" Steinen suchen, Verbindung zu Fachleuten auf diesem Gebiet oder zu guten Juwelierläden in ihrer Umgebung aufnehmen. Gute Quellen, um Halbedelsteine zu günstigen Preisen zu erwerben, sind Steinschneidestätten oder Fachzeitschriften.

Index